Helmut Hubacher

Schaubühne Bern

Helmut Hubacher

Schaubühne Bern

Bundesräte
und andere
Solisten

Zytglogge

Lektorat Hugo Ramseyer
Umschlagfoto Roland E. Maire
Satz und Gestaltung Zytglogge Verlag, Roland E. Maire
Druck AZ Druck und Datentechnik GmbH, Kempten
ISBN 978-3-7296-0732-3

Zytglogge Verlag, Schoren 7, CH-3653 Oberhofen am Thunersee
info@zytglogge.ch · www.zytglogge.ch

Inhalt

Einführung

Es sind meine Geschichten, die ich erzähle. Hubachers Geschichten, wenn Sie so wollen.

In der Politik spielen Frauen und Männer die Hauptrollen. Ich berichte über solche, die mir im Bundeshaus aufgefallen sind. Die Auswahl ist gezielt zufällig. Es könnten viele andere Namen dabei sein. Ich mag keine dicken Bücher über 500 Seiten. Deshalb beschränke ich mich auf etwas weniger. Damit bleibt die Auswahl beschränkt.

Mit persönlichen Geschichten lässt sich Politik am besten darstellen. Wie sie bei uns funktioniert. Was im Bundeshaus wirklich passiert. Wie und was Einzelne dazu beitragen.

Der Ruf der Politiker ist miserabel. Überall, nicht nur bei uns. Es ist nicht mein Ehrgeiz, das schlechte Image zu bestätigen. Schliesslich habe ich diesen Beruf selber ausgeübt. Ich versuche, die Akteure im Bundeshaus mit ihren Stärken und Schwächen vorzustellen. Wie halt Menschen so sind. Auch in der Politik.

Ich habe mich bemüht, fair zu sein. Das gelingt nur bedingt. Ich bitte um Nachsicht.

Helmut Hubacher 15. April 2007

Ritschard – der Populärste

Willi Ritschard wurde1973 in den Bundesrat gewählt. Zehn Jahre später starb er, noch im Amt.

Mit Tränen in den Augen gestand mir ein Arbeiter: «Willi hätte auch im Überkleid an die Sitzung gehen können. Das hätte zu ihm gepasst.» Ritschard war der erste und bisher einzige Arbeiter im Bundesrat.

Der ehemalige Monteur beherrschte die Kunst der Rede. Er ist bis heute unübertroffen geblieben. Am besten illustriere ich das mit Zitaten. Wer ihn gekannt hat, dem wird warm ums Herz. Wer nicht, bekommt eine Ahnung von Ritschards gedanklichem Tiefgang.

«Die Schweizer stehen früh auf, aber sie erwachen spät.»

«In einer Diktatur sind die Medien verpflichtet, dem Staat zu helfen. Einer Demokratie kann nur die Freiheit den Medien helfen.»

«Die beste Predigt heilt kein Zahnweh, auch wenn sie ein Erzbischof hält.»

«Ein armer Staat kann nie ein sozialer Staat sein.»

«Nicht der Bundesrat, das Volk ist die Regierung.»

«Wenn der Bundesrat so mächtig wäre, wie es dem Volk von gewissen Leuten eingeredet wird, dann müssten wir wirklich etwas unternehmen, damit wir in diesem Land zu einer echten Demokratie kämen.»

«Der rechtsliberale Ruf nach einem minimalistischen Staat ist der alte bürgerliche Kampf gegen die soziale Gerechtigkeit.»

«Ich vergleiche gewisse Politologen mit den Meteorologen. Nach ihrer Meinung ist immer die Voraussage richtig, aber das Wetter eben falsch.»

«Der Wähler will nicht wissen, wann die Milchstrasse pasteurisiert werden muss.»

«Das Lied der Freiheit kann man nicht auf dem Instrument der Gewalt spielen.»

Ritschard war ein äusserst ungewöhnlicher Bundesrat. Politiker und Sprachkünstler in einem. Oft wurde gewerweisst, woher er seine Einfälle und wer ihm die Reden geschrieben habe. Im ‹Verdacht› stand meistens Peter Bichsel. Der Schriftsteller begleitete seinen Freund und Bundesrat sieben Jahre lang als persönlicher Mitarbeiter. Nur: Auch einer vom Format eines Peter Bichsel konnte die Bildersprache seines Chefs weder erfinden noch kopieren.

Ritschard schrieb seine Reden selber. Handschriftlich. Einmal bestellte er mich fuchsteufelswild zu sich, als auch ich davon ausging, «Bichsel ist wirklich ein hervorragender Redenschreiber». Das liess er sich nicht gefallen. Er öffnete einen Schrank. Und zeigte mir beigenweise eigenhändig geschriebene Manuskripte.

Deshalb reagierte ich später auch mit vollem Unverständnis auf eine in die Öffentlichkeit gelangte Indiskretion, Prof. Kaiser vom Kantonsspital Zug habe Ritschard geraten, weniger Reden zu halten. «Wie kommt ein Mediziner dazu, dem Willi das zu verbieten, was er am liebsten macht? Der muss von Psychologie nicht die geringste Ahnung haben», räsonierte ich weiter.

Doch schön der Reihe nach. «Wie z Paris», wie Grossvater stets sagte.

Willi Ritschard hatte bei einem der obligaten Bundesratsreisli in den Kanton des jeweiligen Bundespräsidenten eine Herzschwäche. Er wurde ins Spital eingeliefert. Und weil der Zuger Hans Hürlimann Bundespräsident war, lag Ritschard im Bett des Zuger Kantonsspitals.

Als ich den Wiedergenesenen traf, wollte ich von ihm wissen, wie dieser komische Professor auf die absurde Idee gekommen sei, ihm vom Redenhalten abzuraten.

Der Arzt habe ihn nach seinen Schlafgewohnheiten gefragt, erzählte Ritschard. «Wann gehen Sie ins Bett?» – «Meistens so zwischen Mitternacht und ein Uhr.» – «Und wann stehen Sie auf?» – «Um fünf Uhr.» – «Wieso schon um fünf Uhr?» – «Weil ich um sechs Uhr im Büro bin.» – «Warum um Gottes willen muss ein Bundesrat bereits um sechs Uhr im Büro sein?» «Weil ich dann meine Reden schreibe. Bis etwa acht Uhr. Nachher habe ich meistens keine Zeit mehr.» – «Herr Bundesrat, dann müssen Sie halt weniger Reden schreiben und dafür länger schlafen. Sie schlafen zu wenig.»

Nun hatte ich den für mich unverständlichen Rat des Arztes begriffen.

Ritschard schrieb seine Reden also wirklich selber. Aber auf Kosten seiner Gesundheit.

Was ich an Ritschard stets bewunderte, war seine Art, sich treu zu bleiben. Jeder Politiker muss sich – ob er Gemeinderat, Regierungsrat, Nationalrat oder Bundesrat ist – bemühen, normal zu bleiben. Nicht abzuheben. Sich und sein Amt nicht zu wichtig zu nehmen. Mit einem Wort: Bodenhaftung bewahren.

Bodenhaftung. Das ist gar nicht so einfach.

Der Belgier Daniel Goeudevert gehörte zur Konzernleitung von VW in Wolfsburg. Mit 52 schied er aus. Wegen Differenzen mit Konzernchef Ferdinand Piech. Er habe fünf Jahre gebraucht, schreibt er in den Memoiren, «bis ich wieder ein normaler Mensch geworden bin».

Goeudevert beschreibt seine VW-Zeit. Er habe in einer völlig anderen Welt gelebt. Mit der Zeit verliere man den Bodenkontakt, den Anschluss an die gesellschaftspolitische Realität.

Um dem vorzubeugen, bat Willi Ritschard nach seiner Wahl in den Bundesrat Peter Bichsel, sein persönlicher Mitarbeiter zu werden. Warum, hat er so erklärt:

«Er liest, was ich aus Zeitgründen nicht mehr lesen kann. Er warnt mich, wenn ich den Pfad der Tugend verlasse. Er schreibt mir nicht Reden. Aber manches, was ich in den letzten Jahren gesagt habe, hat er mir auf unseren sonntäglichen Wanderungen – gelegentlich mit Mühe – beigebracht. Er ist ein geduldiger Lehrer. Wenn man so stark in der Tagespolitik zu versinken droht wie ein Bundesrat, ist es von einiger Bedeutung, immer wieder zu erfahren, dass ausser dem Bundeshaus auch noch eine andere Welt – eine wichtigere – da ist. Peter Bichsel vermittelt sie mir.»

Als in den Achtzigerjahren in Zürich, Basel, Bern und weiteren Städten Jugendunruhen ausbrachen, reagierte die offizielle Schweiz geschockt. Die aufmüpfigen Jugendlichen demonstrierten nicht schön brav und manierlich, sondern schlugen Schaufensterscheiben ein oder demolierten Autos. Das provozierte Politiker zu Gegenmassnahmen. Wie immer in solchen Fällen mit Polizei. Mit Gegengewalt. Nach dem obersten Gebot: Ruhe und Ordnung herstellen. Mit voller Härte. Auge um Auge, Zahn um Zahn.

Willi Ritschard zeigte sich über das aufgeheizte politische Klima besorgt. Da er Verkehrs- und Energieminister war, fielen Jugendfragen selbstverständlich nicht in seinen Kompetenzbereich. Einiges hingegen war ihm sonnenklar. Jugendfragen dürfe man nicht einfach der Polizei überlassen. Deshalb beschäftigte er sich mit den zum Teil gewaltsamen Jugendunruhen. Mit deren Ursachen. Er versuchte herauszufinden, warum es so weit kommen konnte.

Damals gab der Schweizerische Gewerkschaftsbund noch die Monatszeitschrift ‹Gewerkschaftsjugend› heraus. Ein 20-seitiges Blättchen. Eher eine journalistische Randerscheinung. Für die meisten Politiker gehörte sie nicht zum Pflichtlesestoff.

Jugendunruhen bildeten natürlich für die ‹Gewerkschaftsjugend› ein Thema.

Redaktor Bruno Muralt hatte darüber wohl das Beste geschrieben, was damals gedruckt worden war. Er berichtete live über eine Demo, an der er teilgenommen hatte. Ihn interessierte das Warum. «Warum schlägst du Fensterscheiben ein?» – «Warum randalierst du?» – «Warum, warum?»

Muralts Bericht über diese Demo las sich wie ein Krimi. Am Tag darauf begegnete ich Ritschard. Ich riet ihm zur Lektüre ‹Gewerkschaftsjugend›. Und bekam eine erstaunliche Antwort: «Schon gelesen, gestern Abend.»

Was, der Genosse Bundesrat liest dieses ‹Blättchen›? Das hätte ich nicht erwartet, alle Achtung.

Und die Geschichte ging weiter. Ritschard nahm sich einen Vormittag lang Zeit, um mit Bruno Muralt zu diskutieren. Die ‹Blick›-Redaktion wollte mit Ritschard ein Interview über die Jugendunruhen machen. Darauf bereitete er sich vor. Mit Muralt.

Es wurde ein grossartiges Interview. Ich behaupte, kein anderer Bundesrat hätte so gekonnt analysiert wie Ritschard. Mit so viel Augenmass, Verständnis, Klarheit und Zuneigung zu den Jugendlichen. Gewalt – bei der viele Politiker stehen blieben – lehnte er ab. Er verurteilte nicht einfach, sondern urteilte. Ihn beschäftigte, was in der Gesellschaft falsch gelaufen war. Ritschard zeigte den Jungen nicht die Faust, er reichte ihnen die Hand.

Ich war unendlich stolz auf ‹unseren› Willi und umarmte ihn in Gedanken mehrmals.

Auch Peter Bichsel gestand mir, er hätte fast geheult vor Freude und Erleichterung über so viel Sensibilität.

Der süffigste Slogan in den Jugendunruhen hingegen – «Macht aus dem Staat Gurkensalat» – ärgerte Ritschard «mordsmässig», wie er sagte. Für ihn war der Staat stets ein zentrales Anliegen.

An der OLMA-Eröffnung 1983 in St. Gallen hatte er sich dazu Gedanken gemacht. Es war Ritschards letzte grosse Rede.

Sie musste auch als Antwort auf die Politik der damaligen FDP verstanden werden. Die Freisinnigen hatten seit Jahren «weniger Staat – mehr Freiheit» propagiert. Der Staat sei wie eine Schlingpflanze, er enge die Wirtschaft in ihrer Entfaltung ein. Dazu hatte sich Ritschard Gedanken gemacht:

«Es stimmt, unser Staat mischt sich tatsächlich ins Wirtschaftsgeschehen ein. In mancher Hinsicht ist er zum eigentlichen Instrument der Wirtschaft geworden – und nicht etwa umgekehrt. Die Industriegesellschaft hat Gesetze zum Schutz der Arbeitnehmer notwendig gemacht. Der Staat bildet für die Wirtschaft Arbeitskräfte aus, in Berufsschulen, Techniken, Handels-, Mittel- und Hochschulen. Er fördert die wissenschaftliche Forschung, die auch der Wirtschaft zugute kommt. Und selbst kapitalkräftige Privatunternehmen sind froh, wenn sie Exportrisiken dem Vater Staat aufbürden können.»

Ritschard erinnerte daran, dass der Staat auf Wunsch der Wirtschaft «Hunderttausende von ausländischen Arbeitskräften in unser Land hat kommen lassen. Dem Staat ist auch die Aufgabe aufgedrängt worden, von der unsere Väter wohl nicht einmal geträumt haben: der Schutz unserer natürlichen Umwelt.»

Das alles sei nicht gratis zu haben. Deshalb erhebe der Staat Steuern. «Von unerträglichem Steuerdruck kann wohl kaum die

Rede sein. Oder sonst soll mir einer erklären, wie es an die 40 000 Glückliche in diesem kleinen Land fertiggebracht haben, trotzdem Millionäre zu werden!»

(Nachtrag: Die letzten Zahlen der Eidgenössischen Steuerverwaltung sind von 2003. Die Zahl der Millionäre hat sich auf seither 160 000 erhöht. 2007 nähern wir uns den 200 000.)

Dem Gejammer, die Steuerprogression fördere die Nivellierung von Einkommen und Vermögen, trat er mit Fakten entgegen: «Gleichmacherei? Knapp 3 Prozent verfügen über fast die Hälfte des Gesamtvermögens, und folglich müssen die übrigen 97 Prozent sich in die andere Hälfte teilen. Ist es nicht ein bisschen merkwürdig, wenn ausgerechnet aus den Kreisen der so reich Gesegneten immer wieder der Ruf nach Steuersenkung erschallt? Hätten vielleicht nicht andere mehr Grund zum Klagen?»

Die OLMA ist die eigentliche Bauern-Expo. Ritschard erinnerte daran, dass Land für Bauern der wichtigste Rohstoff sei. Nur koste bei uns der Quadratmeter Boden viel zu viel. Wahrscheinlich sei die Schweiz in der Disziplin Bodenspekulation Europameister. Aber nicht, weil sich der Staat etwa zu viel einmische, nein, weil er zuschauen müsse, wie der freie Bodenmarkt wütet. Die bürgerliche Mehrheit im Bundeshaus wolle das so. «Bei diesen Bodenpreisen dürfen wir uns nicht wundern, wenn der Bauer seine Kartoffeln und Rüebli zu ‹Apothekerpreisen› verkaufen muss.»

Die Schweiz habe wegen den hohen Bodenpreisen auch immer noch die höchsten Mieten. Bauern, Mieter und Konsumenten seien jedoch eine Leidensgemeinschaft, so Ritschard.

Die nur auszugsweise gestreifte OLMA-Rede hat im Übrigen kaum an Aktualität eingebüsst. Im Gegenteil. Das Wettrennen um niedrigere Steuern für «die da oben» bekommt immer mehr Zulauf. Es gibt nun Kantone, die für Superreiche die Degression eingeführt haben. Wo der kleine Handwerker oder der mittlere Angestellte einen höheren Steuersatz zahlt als der Millionär. So weit sind wir schon. Es geht zu wie beim billigen Jakob. Steuerangebote nach der Methode Lockvogel sind salonfähig geworden. Aber nur für Reiche.

Die Modemacher von Paris, Mailand oder Rom sind berühmt. Es gibt auch in der Politik Modeströmungen.

Als Ritschard noch nicht Finanzminister war, sondern dem heute von Moritz Leuenberger geführten Energie-Departement vorstand, dominierte bei der politischen Haute Couture die Konzeptionitis. Die Politik hatte ihre Schwäche für vernetztes Denken entdeckt. Für den grossen Wurf. Das Zauberwort hiess Konzept. Ein Konzept für die grosse Gesamtlösung.

Helvetische Politik ist jedoch ausgerechnet für die grossen Schritte schlecht geeignet. Lösungen sind hier fast nur schrittweise zu erreichen. Optimal ist bereits, wenn Erich Fromm Recht bekommt: «Jeder Schritt ist von Bedeutung, wenn die Richtung stimmt.» Wenn also die einzelnen Schritte oder Schrittchen aufeinander abgestimmt sind.

Ich erinnere mich an eine Diskussion in der SP-Fraktion: Verlagerung der Güter von der Strasse auf die Schiene.

Ein besonders Schlauer schlug vor, darüber ein Konzept zu verlangen. Ein Konzept über eine ganzheitliche Verkehrspolitik. Ritschard reagierte wie von der Tarantel gestochen: «Genossen, in meinem Büro liegen beigenweise Konzepte. Sicher ein paar Meter. Sie helfen nicht weiter. Jedes Mal, wenn ich dem Parlament ein solches Konzept vorlege, werde ich überstimmt. Konzepte sind politische Nichtschwimmer.»

Konzepte seien schön und gut, wenn aber jeder nur die Details sehe, die ihm nicht passen, würden sie scheitern. «Die Summe der Neinsager kumuliert sich dann», meinte Ritschard, «und es ist aus mit der grossen Lösung für alles.»

Vom Energieminister hatte das Parlament für die Energiepolitik ein Gesamtkonzept verlangt. Eine Expertenkommission arbeitete ein paar Jahre daran. Der Papierhaufen endete schliesslich als Makulatur.

Zehn Atomkraftwerke seien für die Schweiz nötig, sonst gingen die Lichter aus, behaupteten Atomlobby und Elektrizitätswirtschaft.

Ein paar Jahre lang wurden wir mit dem wissenschaftlich erhärteten Konzept wie politische Gefangene behandelt. Gebaut wurden gerade mal fünf Atomkraftwerke: Beznau I, Beznau II, Mühleberg, Gösgen, Leibstadt. Und die Lichter brennen noch.

Das Konzept für eine ganzheitliche Energiepolitik verunfallte in Kaiseraugst. Dort konnte das geplante Atomkraftwerk nicht gebaut werden. Als die Bagger im April 1975 auffuhren, reagierten die Gegner mit einer generalstabsmässig vorbereiteten Besetzung.

Die Besetzung des AKW-Geländes in Kaiseraugst ist eine kleine Heldengeschichte. Ein paar Hundert Frauen und Männer riskierten Kopf und Kragen, um das Atomkraftwerk zu verhindern. Und im Bundesrat wurde der Einsatz der Armee diskutiert. Aber Ritschard erklärte, sollte in Kaiseraugst die Armee aufgeboten werden, würde er als Bundesrat zurücktreten.

Damit war der Militäreinsatz vom Tisch. Die bürgerlichen Bundesräte mochten nicht allein die Verantwortung dafür übernehmen. Davor hatten sie Schiss.

Die Besetzer hingegen verzeichneten anhaltenden Zulauf.

Festzuhalten, praktisch die ganze Region sei hinter ihnen gestanden, ist nicht übertrieben. Regierungen und Parlament in Basel und Liestal lehnten ein Atomkraftwerk in Kaiseraugst ab. Der Widerstand ging von links bis rechts. Quer durch den Pfarrgarten. Eine geschlossene Region sagte Nein.

Im Bundeshaus dagegen herrschte Aufregung. Die Besetzung in Kaiseraugst verletze den Rechtsstaat, hiess es auf den Bänken der Bürgerlichen – ausgenommen derer von Basel-Stadt und Baselland. Der Bundesrat lehnte das Recht auf Widerstand, weil undemokratisch, ab. Obwohl unser Nationalheld Wilhelm Tell gerade deswegen gefeiert wird.

Die Fronten zwischen Kaiseraugst und Bundeshaus blieben festgefahren. Die Besetzer hatten das AKW-Gelände unter Kontrolle. Hilflose und uneinsichtige Politiker im Bundeshaus begnügten sich mit dem Protest, die Besetzung verstosse gegen Demokratie und Rechtsstaat.

Da beschlossen wir in der SP-Parteiführung, bei Ritschard eine Audienz zu verlangen. Er war schliesslich als Energieminister für Kaiseraugst zuständig.

Zuerst wollte er unsere kleine Delegation nicht empfangen. Zwei Genossen passten ihm nicht. Sie hatten ihn öffentlich kritisiert.

Gelegentlich muss ein Parteipräsident auch ‹seinem› Bundesrat den Tarif erklären.

Diesmal war ich an der Reihe: «Die Partei bestimmt ihre Delegation selber. Wir lassen sie uns nicht vorschreiben. Auch nicht von dir.»

Dann ging alles schnell. Ritschard war gesprächsbereit und bewies wieder mal seine politische und menschliche Grösse. Wir kehrten zufrieden an den Tatort in Kaiseraugst zurück. Mit einem schriftlichen Gesprächsangebot an die Besetzer, unterzeichnet: Willi Ritschard.

Meistens reagieren Politiker in solchen Situationen mit Härte. Um ihre Schwäche zu verbergen.

Ein Gesprächsangebot an Rechtsbrecher dürfe es niemals geben, polterten Parlamentarier auf den Bänken von ganz rechts aussen

bis in die rechte Mitte. Ritschard sah das anders: «Wer Konflikte lösen will, muss mit dem anderen reden.»
Bund und AKW-Gegner verfügten beide über namhafte Experten zum Thema Atomenergie. Sie führten die Gespräche miteinander. Das während Jahren. So lange, bis das AKW Kaiseraugst dieses Prozedere nicht mehr aushielt. Die Baupläne waren mit den Wartejahren unbrauchbar geworden. Sie hätten nicht nur überarbeitet, sondern völlig neu erstellt werden müssen. Da machten die Geldgeber nicht mehr mit. Die Banken drehten den Hahnen zu. Das bedeutete das Aus für Kaiseraugst.

Mehr noch. Seither konnte in der Schweiz kein Atomkraftwerk mehr gebaut werden. Das Gesprächsangebot von Ritschard war der Anfang vom Ende gewesen.

Das grösste Verdienst am AKW-Moratorium hingegen gehört den Besetzern der ersten Stunde. Ohne sie wäre das alles nicht möglich gewesen.

Zum Glück regierte im Energiewirtschaftsdepartement Willi Ritschard und nicht ein bürgerlicher Hardliner. Der Einsatz der Armee hätte eine Staatskrise ausgelöst. Sie blieb uns erspart. Weil ein Bundesrat das nötige Format hatte, über den eigenen Schatten zu springen.

Ritschard war von der Besetzung des AKW-Geländes alles andere als angetan. Er verurteilte sie mit starken Worten. Im Einklang mit dem Gesamtbundesrat. Aber wohl auch deshalb, weil er genau wusste, dass da eine Herausforderung besonderer Art auf ihn zukam.

Vermutlich hatte ich ihn als Parteipräsident noch zusätzlich gereizt.

Wenige Wochen vor der unerwarteten Aktion in Kaiseraugst hatte nämlich die SP ihren Parteitag durchgeführt. Willi Ritschard hielt eine seiner begeisternden Reden. Sie gipfelte in den stürmisch beklatschten Worten: «Das Volk ist die Regierung.» Danach telefonierte ich ihm: «Willi, jetzt regieren sie in Kaiseraugst, jetzt regiert dort das Volk.» Gerade freundlich nahm er das nicht zur Kenntnis.

Aber die Differenz vom Politiker zum Staatsmann war das Aussergewöhnliche bei ihm. Ritschards Gesprächsangebot an die Besetzer markierte den Durchbruch. Statt Militär gab es Verhandlungen. Statt Gewalt Einsicht. Erst im Rückblick wird mir so richtig klar, wie viel Furchtlosigkeit und Risikobereitschaft Ritschard bewiesen hatte. Die Mehrheit im Bundesrat hätte anders gehandelt. Er stellte die Weiche zum Ausweg aus der staatspolitischen Sackgasse.

Solches miterlebt zu haben, macht Politik zum Lehrstück. Wer, wie Ritschard, im Grossen souverän für den Dialog entschied, tat das auch im Kleinen.

Ich war Zeuge einer wunderbaren Begegnung: Ein älteres Ehepaar besuchte das Bundeshaus.

Mit Ehrfurcht und grossem Respekt bewunderte es das einmalige Ambiente. Wer das Bundeshaus kennt, erinnert sich an die langen Gänge. Die beiden Besucher hielten plötzlich inne, und der Mann meinte zur Frau: «Jesses, dort kommt der Ritschard! Was soll ich nur tun? Ich darf ihm doch nicht mehr du sagen, er ist ja jetzt Bundesrat.»

Mich dünkte, der Bauarbeiter müsse innerlich geschwitzt haben, denn Ritschard kam immer näher. Und rief: «Lueg da, das isch ja der Bärtu!» Dem musste ein Stein vom Herzen gefallen sein. Der alte und berühmt gewordene Kollege vom Bau war beim Du geblieben.

Doch das Highlight folgte erst noch. Nach der herzlichen Begrüssung nahm Ritschard sich Zeit, die beiden zum Essen einzuladen. Wie er das tat, war grossartig: «Hättest du und deine Frau Zeit, mit mir essen zu gehen?»

«Hättest du Zeit?» Der grosse Bundesrat holte nicht zu einer gönnerhaften Geste aus, zeigte nicht, welche Ehre es sei, von ihm eingeladen zu werden. Für Ritschard war es absolut normal gewesen, Bärtu weiterhin zu duzen. Da musste er sich nicht verstellen. Ihm wäre etwas anderes gar nicht eingefallen. Von ihm hiess es eben nicht, «seit er Bundesrat ist, hat er sich in seinem Benehmen verändert». Bärtu strahlte. Der vorher so schüchterne Bauarbeiter hatte wohl die Sternstunde seines Lebens erfahren.

Es gibt Politiker, die, in Amt und Würden aufgestiegen, hochnäsig, eingebildet, einfach anders werden.

Wie ein Basler Regierungsrat zum Beispiel. Max Wullschleger hiess er und leitete viele Jahre die Redaktion der ‹Basler AZ›. Ein Kollege, Noldi Köng, startete seine journalistische Karriere unter Wullschleger. Mit der Zeit avancierte er zum wichtigsten Mann. Zum Lokalreporter, zum Nachrichtenjäger also, der alles, was in der Stadt passierte, sammelte. Tratsch und Klatsch inbegriffen.

Eines Tages schlich er buchstäblich wie ein geschlagener Hund auf die Redaktion. Was war passiert? Noldi hatte seinen früheren Chef getroffen. Zum ersten Mal nun als Regierungsrat. Fröhlich begrüsste er ihn mit einem «Sälü Max». Doch oha lätz. Der prominente Genosse mochte das nicht mehr: «Guten Tag, Herr Köng.» Noldi fühlte sich tief verletzt. «Dieser Sauhund, jahrelang bin ich für ihn gerannt, habe nie auf die Uhr geschaut. Und nun das!» Das tat weh.

In Biberist, am Parteitag der SP Solothurn, zeigte sich Ritschard nochmals von einer anderen Seite. Im Saal herrschte dicke Luft. Die gesamte Solothurner Regierung war von den Medien auf einer so genannten Informationsreise nach Spanien ertappt worden (von nun an hämisch als ‹Spanienreisli› betitelt). Willi Ritschard war als früherer Regierungsrats-Kollege auch eingeladen worden. Ein Abschiedsgeschenk.

Das ‹Spanienreisli› geriet in die Schlagzeilen, weil Sinn und Zweck nicht plausibel nachgewiesen werden konnten. Für die Leute auf der Strasse war der Fall klar: Die Herrschaften gönnten sich eine Vergnügungsreise. Organisiert und bezahlt vom Atomkraftwerk Gösgen, wie dann ausgekommen war. Peinlich, dass sich eine Regierung in corpore plus Bundesrat Ritschard von der Atomlobby aushalten liess.

Die SP-Delegierten verschafften sich Luft. Mit höhnischen, spöttischen, wütenden Voten. Die zwei Regierungsräte Rudolf Bachmann und Gottfried Wyss, Gödeli genannt, liessen das Gewitter in stummer Pose über sich ergehen. Keiner verlangte das Wort, keiner mochte sich äussern. Genau darauf hatten die Delegierten gewartet.

Ich sass neben Ritschard. Er schimpfte über die beiden ‹Hosenscheisser›. Einer von ihnen müsste doch ans Mikrofon gehen. «Ja, dieser Wyss, der hat das Vogelfutter auch nicht erfunden. Er ist eben schon ein -li, ein Gödeli. Und der andere hat das Füdli schon immer nur zum Dahocken statt Mumm gehabt.»

Ritschard spürte, das Fussvolk verlangte ein Opfer. Also ging halt er nach vorn. Kein Schauspieler vom Wiener Burgtheater hätte den reuigen Sünder überzeugender dargestellt als er. Ritschard gab den Delegierten, was sie hören wollten. Politiker seien halt auch nur Menschen, warb er um Verständnis.

Dann passiere halt das. Natürlich sei die Reise nach Spanien ein Fehler gewesen. «Wenn ich zurück könnte, würde ich diese Einladung nicht mehr annehmen», räumte er ein, und er versprach hoch und heilig, so etwas werde sich nicht mehr wiederholen. «Ich möchte mich bei euch entschuldigen. Wir alle machen Fehler, nur die Dummen machen immer die gleichen.»

Es gab stürmischen Beifall. «Ritschard hat wieder mal aus Schissdrägg Schoggicreme gemacht», hätte mein Basler Freund Carl Miville gesagt.

Ritschard war ein Politiker zum Anfassen. Er spürte die Menschen. Der grosse Mann war nicht nur an Körperhöhe gross, er war ein emotionaler Koloss, ein Politiker mit Herz und Seele. Hoch und Tief, Verdruss und Ärger lagen bei ihm nahe beieinander. War er vertäubt, dann machte er einem den ‹Gring›, wie man auf Berndeutsch sagt. Das dauerte selten länger als zwei, drei Tage. Während dieser Zeit jedoch gab es von ihm kein Wort.

Die Versöhnung konnte schmerzhaft sein. Meistens tätschte er seine grosse Hand auf die Schulter, dass man dachte, sie sei gebrochen. Und zum Zeichen, die Friedenspfeife angezündet zu haben, begrüsste er einem mit «Du Fotzelcheib!». Das war eine Liebeserklärung. Nach Ritschards Art. Ich wusste dann, jetzt redet er wieder mit mir.

Flavio Cotti – jovialer Despot

Flavio Cotti lebt heute im Ruhestand. Als Politiker verkörperte er den Machtpolitiker wie aus dem Lehrbuch. Auf ihn passte, was der französische Schriftsteller André Malraux gesagt hat: «Mit der Macht kann man nicht flirten. Man muss sie heiraten.»

Im Kanton Tessin haben Staatsräte, bei uns Regierungsräte, ein kurzes Leben. Nach zwölf Jahren müssen sie zurücktreten. Staatsrat Flavio Cotti zählte noch keine 45 Jahre, als es ihn traf. Was tun? Daumen drehen? Nein, Cotti schaffte den Übergang. Er kandidierte für den Nationalrat. Und wurde selbstverständlich gewählt. Doch das Mandat langweilte ihn. Er gehörte zu jenen Parlamentariern, die man trotz ihrer Anwesenheit nicht vermisste.

Weil bei ihm die Karriere wie am Schnürchen verlief, war er auch diesmal der richtige Mann zur richtigen Zeit. Die CVP brauchte – wie so oft – einen neuen Präsidenten. Der hiess Flavio Cotti.

Von nun an sass er im Bundeshaus in der vordersten Reihe.

Cotti startete von der Poleposition aus. Er hatte sich wählen lassen, nicht um als Nationalrat zu arbeiten, sondern um sich auf den Bundesrat vorzubereiten. Unverfrorener als Cotti hatte das keiner getan. Im Nationalrat hinterliess er kaum Spuren. Das ist für den Präsidenten einer Bundesratspartei ungewöhnlich. Cotti betrieb dafür vier Jahre lang intensive Imagepflege. Er ging mit Krethi und Plethi zum Mittag- und Abendessen. Er grüsste uns alle stets mit ausgesuchter Höflichkeit. Cotti knüpfte ein dichtes Beziehungsnetz.

Der Kanton Tessin hat keinen Anspruch auf einen ständigen Sitz im Bundesrat. In regelmässigen Abständen hingegen schon.

Mit Nello Celio war 1973 der letzte Tessiner Bundesrat zurückgetreten. Gelegentlich also durfte wieder mal einer Platz nehmen im bundesrätlichen Siebnerclub. Da war für Cotti klar, wer das sein würde. Er hätte nie zugegeben, vom ersten Bundeshaustag an nur auf dieses eine Ziel hingearbeitet zu haben. Er tat es für den Kanton, nicht für sich. Fast hätten wir ihm den Opfergang abgenommen.

1987 war es dann so weit. CVP-Bundesrat Alphons Egli räumte (nach fünf Jahren schon) seinen Stuhl. Flavio Cotti rückte nach und übernahm Eglis Departement des Inneren. Der Schnellbrüter war am Ziel angekommen.

Zugunsten von Cotti sei bemerkt, dass es in der Politik beide braucht. Den Macher aus der Exekutive und den Volksvertreter im Parlament.

Cotti interessierte einzig die Exekutive: der Staatsrat, der Bundesrat. Angefangen hatte er im Gemeinderat.

Die langwierigen Debatten im Nationalrat, die mühsamen Beratungen in den Kommissionen verbuchte er als Zeitverschwendung, mit einem schlechten Kosten-Nutzen-Ergebnis. In einer Exekutive wird schneller entschieden. Der Handlungsspielraum ist grösser.

Cotti erzählte mir mehr als einmal, wie er das Regierungshandwerk gelernt habe.

Der Sitzverteiler im Tessiner Staatsrat sah so aus: 2 CVP, 2 FDP, 1 SP. Auf den ersten Blick sind das vier Bürgerliche gegen den Linken. Auf den zweiten sieht es anders aus. CVP und FDP sind nicht Verbündete, sondern Konkurrenten. Nachwehen aus der Kulturkampfzeit zwischen Radikal-Liberalen und Konservativen. Damit avancierte der Linke zum dritten Mann. Zum Zünglein an der Waage. Zum Mehrheitsbeschaffer.

«Alle haben wir bei ihm antichambriert», meinte Cotti. Wer den SP-Staatsrat für sich gewinnen konnte, besass die Mehrheit.

Cotti beherrschte das politische Spiel aus dem Effeff. Berührungsängste zum politischen Gegner kannte er keine. Kompromisse mit der SP beispielsweise gehörten für ihn zur Normalität. Er ging nicht umsonst im Tessiner Staatsrat zur Schule. Das Verhältnis zum Freisinn blieb ambivalent.

Cotti gehörte zu den ausgesprochen kultivierten Politikern. Er kennt die klassische Literatur so gut wie den Fussball in Mailand. Das Derby zwischen AC Milan und Inter Mailand schaute er sich wenn immer möglich live an. Mailand ist schliesslich ein Vorort des Tessins.

In New York, Paris oder Rom könnte man Flavio Cotti als den typischen Schweizer ausstellen, der drei Sprachen beherrscht, der perfekt italienisch, französisch und deutsch spricht. Deutsch zum Beispiel fast ohne Akzent. Er hat es in einem Engelberger Institut gelernt.

Cotti hat zwei Gesichter. Das charmante und das boshafte. Es ist mir unerklärlich geblieben, wie ein dermassen gebildeter Mensch als Chef eine solche Katastrophe war. Der das, was wir Anstand nennen, total zu ignorieren schien.

Ein Beispiel.

Ungefähr sechs Monate nach Cottis Rücktritt traf ich im Zug nach Thun zwei seiner früheren Mitarbeiter. Nicht hohe Chefbeamte, eher solche aus dem mittleren Kader. Stufe Abteilungschef. Was sie mir erzählten, glaubt einer allein nicht.

Mich interessierte, was sie von ihrem neuen Chef Joseph Deiss halten würden, der nach Cotti nun Aussenminister war. Sie schauten sich an. «Sagen wir zuerst», meinte der eine, «wie es unter dem alten Chef Cotti war. Dann wissen Sie, dass es uns jetzt viel besser geht.»

Öfters habe nämlich Cotti sie für Samstag oder für das ganze Wochenende zur Arbeit aufgeboten. Ohne je einmal zu fragen, ob sie verfügbar, gar einverstanden seien oder etwas abgemacht hätten. Und so abwegig wären solche Annahmen nicht gewesen. Beide waren schliesslich Familienväter. Also, Cotti befahl wieder mal: «Meine Herren, es gibt ein Arbeitsweekend im Tessin.» Doch diesmal überbot der stets jovial dreinschauende Cotti sämtliche bisherigen Bosheiten.

Am Samstagmorgen flogen Cotti und seine beiden Untergebenen, wie abgemacht, mit der Crossair nach Agno. Dort ausgestiegen bekamen sie jedoch den Hammer. Cotti verabschiedete sich mit einem liebenswürdig zynischen Lächeln: «Meine Herren, ich wünsche Ihnen ein schönes Wochenende.» Und liess sie stehen.

Das soll begreifen, wer will.

Natürlich ist jeder Chef anders. Der eine ist streng, der nächste umgänglich, der dritte launisch. Dass ein Chef die Leute bewusst schikaniert, solches hörten wir auch schon. Nicht unbedingt von einem Bundesrat. Von einem Bundesrat erwarten wir das landesübliche Mass an Umgangsformen mit Mitarbeitern. Warum eigentlich nicht? Flavio Cotti muss wohl die Ausnahme von der berühmten Regel gewesen sein.

Ein zweites Beispiel.

Cotti bestellte zwei Kaderleute nach Solothurn. An einem Samstag. Um 7.30 Uhr. Warum? Zu einer angeblich wichtigen Besprechung. Nach zwei Sitzungsstunden fragte sich der eine (von dem ich die Story weiss), was eigentlich so wichtig gewesen sein soll, dass er seinen freien Samstag habe opfern müssen. Es gab nichts zu entscheiden, nichts Dringendes, das nicht hätte warten können.

Noch ein Müsterchen aus Cottis ‹Folterkammer›.

An einem Freitag teilte er zwei Sachbearbeitern mit, am kommenden Dienstag werde eine Pressekonferenz stattfinden. Zum Thema Abfall. Das bedeutete für die zuständigen Sachbearbeiter Nacht- und Sonntagsarbeit. Der Chef brauchte die Unterlagen ja spätestens am Montag. Sie mussten auch noch übersetzt werden. Wie sich das für zuverlässige Bundesbeamte gehört. (Übrigens: Bundesbeamte gibt es nicht mehr. Sie heissen jetzt Angestellte.) Item. Alles lag termingerecht auf Cottis Pult.

Aber er zeigte sich, beinahe hätte ich geschrieben selbstverständlich, mit den Arbeitspapieren nicht zufrieden. Er nahm Korrekturen vor, erteilte mündliche Anweisungen, wie was zu ändern sei. Und die Pressekonferenz werde um drei Tage hinausgeschoben, teilte er noch mit.

Ohne Überstunden war die Zweitauflage nicht zu schaffen. Offenbar waren Cottis Daumenschrauben spürbar. Auch diesmal klappte es. Der Chef erhielt das Material wie vereinbart.

Und:

Sie ahnen es wohl schon. Die Übung endete brutal. Cotti hatte die Pressekonferenz abgesagt.

So und ähnlich brachte der Tessiner Bundesrat seine Leute immer wieder ausser Atem.

Warum diese Schikanen? Demonstrierte Cotti einfach seine Macht? Ist er ein Sadist? Es bringt wohl wenig, Ursachenforschung zu betreiben. Es war einfach so. Sinn machte das nicht.

Hätte Cotti eine Psychoanalyse gebraucht?

Erstens kann niemand einen Bundesrat dazu zwingen. Zweitens habe ich zum Thema Psychoanalyse gelesen: «Man versteht sich hinterher auch nicht besser. Aber man weiss warum.»

Politisch gehörte Cotti zu den profilierten Bundesräten. Zu den progressiven, ideenreichen und erfolgreichen dazu.

Zu seinem Aufgabenbereich gehörte unter anderem die Sozialpolitik. Sie ist ein weites Gebiet. Zu den ungelösten Problemen zählte seit langem die Krankenversicherung. Die Reform des KVG, des Krankenversicherungsgesetzes, lag seit Jahrzehnten auf dem Eis. Daran hatte sich schon Bundesrat Hans Peter Tschudi die Zähne ausgebissen. Der Basler dürfte wohl der erfolgreichste Sozialminister der Nachkriegszeit gewesen sein. Was immer er anpackte, war ihm gelungen. Ausgenommen die KVG-Revision.

Ärzte, Spitäler, Patienten, Kantone, Krankenkassen vertreten zum Teil unterschiedliche oder gegensätzliche Interessen. Da war es für den Bund besonders schwierig, alle unter einen Hut zu bringen. Das heisst eine mehrheitsfähige KVG-Reform zu erarbeiten.

Cotti probierte es.

Um es kurz zu machen:

Das Mammutprojekt kam zustande. Die von seinen Fachleuten vorgeschlagenen Änderungen fanden im Bundesrat eine Mehrheit. Wenn das passiert ist, steht der Gesamtbundesrat hinter dem Vorhaben. Er stellt dann die Anträge an das Parlament. Mit einer so genannten Botschaft.

In der Botschaft wird eine Reform begründet. Warum, wieso, wie. Das neue Gesetz wird Artikel für Artikel im Detail vorgelegt. Das war auch bei der KVG-Vorlage nicht anders. Sie umfasste über 200 Seiten.

Bevor eine Gesetzesrevision, ein neues Gesetz, ein Rüstungskredit oder was immer es sein mag, ins Parlament kommt, geht das Geschäft zuerst an die zuständige Kommission. Sie bereitet es zuhanden des Ratsplenums vor. Die Kommission beantragt Zustimmung im Grossen und Ganzen, behält sich Abänderungsanträge im Detail vor. Oder sie schlägt dem Plenum vor, das Ganze an den Bundesrat zur Überarbeitung zurückzuschicken. Die härteste Abweichung ist, wenn eine Mehrheit der Kommission beschlossen hat, die Vorlage des Bundesrates abzulehnen.

Was immer im Bundeshaus geschieht – es müssen beide Räte, der National- und Ständerat, das Gleiche beschliessen. Bis zum letzten Komma. Sonst kommt kein Beschluss zustande.

Noch eine schweizerische Spezialität: National- und Ständerat behandeln eine Vorlage nacheinander. Erst, wenn der so genannte Erstrat damit fertig ist, geht das Geschäft an den Zweitrat weiter. Wer bei welchem Geschäft Erst- und wer Zweitrat ist, wird abgesprochen.

Die politischen Mühlen mahlen langsam. Gelegentlich aufreizend langsam. Unser System ist nicht auf ein Zackzacktempo ausgerichtet. ‹Kommt Zeit, kommt Rat› könnte die Devise sein.

Zurück zur KVG-Revision. Flavio Cotti vertrat sie im Namen des Bundesrates vor der Sozialpolitischen Kommission. Das tut immer der zuständige Departementsvorsteher. Kaum hatten wir mit den Beratungen begonnen (ich war damals Mitglied der Kommission), wechselte Cotti ins aussenpolitische Departement. Die neue Sozialministerin Ruth Dreifuss übernahm nun das Geschäft.

Verglichen mit dem gängigen Reformstandard glich Cottis KVG-Vorlage schon fast einem Wurf. Sie brachte grundlegende Neuerungen. Viele haben sie bis heute nicht begriffen. Umso lauter schimpfen sie. Zu Unrecht. Drei Reformschwerpunkte seien erwähnt.

1. Das Obligatorium
   Bis dahin war die Krankenversicherung freiwillig gewesen. Um die 98 Prozent der Bevölkerung gehörten einer Krankenkasse an. Ein Obligatorium sei deshalb nicht mehr nötig, meinten SVP und FDP.

SP, CVP und Grüne setzten es trotzdem durch. Warum? Nach einer schweren Krankheit verfügte damals die Krankenkasse für den Fall der Wiederholung einen Vorbehalt. Harmlos war das nicht. Der Vorbehalt bedeutete nämlich, dass die Kasse kein zweites Mal bezahlte. Und wer die Krankenkasse wechseln wollte, wurde von der neuen nur mit einem Vorbehalt aufgenommen. Versicherte, die gesundheitlich angeschlagen waren, wurden für das dafür verantwortliche Leiden nicht versichert.

Damit räumte Flavio Cotti auf. Sobald der Gesetzgeber das Obligatorium vorschreibt, dürfen keine Vorbehalte mehr gemacht werden. Deshalb war es richtig, das Obligatorium einzuführen.

Es hat noch einen weiteren Vorteil. Seit das Obligatorium gilt, kann die Krankenkasse ohne Vorbehaltsnachteile gewechselt werden. Selbst bis ins hohe Alter. Ausgenommen davon sind Zusatzversicherungen. Sie sind freiwillig. Deshalb bleiben Vorbehalte bestehen. Wer schon älter ist, kann die Zusatzversicherung nicht ohne Nachteile wechseln. Und eine neue abschliessen zu wollen, kostet viel Geld. Die obligatorische Grundversicherung hingegen kostet im gleichen Kanton für alle Erwachsenen gleich viel.

2. Die Grundversicherung
Mit dem revidierten KVG deckt sie sämtliche Risiken ab. Die Zusatzversicherung wird auch Hotelversicherung genannt. Wer privat oder halbprivat versichert ist, liegt im Einer- oder höchstens Zweierzimmer.

3. Spitalkosten
Mit dem alten KVG waren die Spitalkosten nur für eine limitierte Dauer bezahlt worden. Jetzt zahlt die Kasse, solange der Patient im Spitalbett liegt.

Mit dem revidierten KVG setzte Flavio Cotti als Sozialminister starke soziale Akzente. Daran änderte die Stabsübergabe an Ruth Dreifuss nichts. Sie begleitete, verteidigte und verbesserte die Reform durch alle parlamentarischen Klippen. Zuletzt auch gegen die SVP in der Volksabstimmung. Mit Erfolg übrigens. Den Startschuss aber hatte Cotti gegeben.

Politik wird die Kunst des Möglichen genannt. Auf Schweizerdeutsch ist das der Kompromiss. Auch die KVG Reform war ein solcher. Anders gelingen im Bundeshaus keine Lösungen.

Die Linke musste die Kopfprämien schlucken, die Rechte das Versicherungsobligatorium. Die kompromissunfähige SVP redet sich über ihre Niederlage hinweg. Mit dem Anspruch, sie hätte es besser gemacht. Für die Bauern vielleicht. Nicht für uns anderen jedoch.

Was heisst Kopfprämie?

Der Direktor zahlt gleich viel wie sein Chauffeur. Entlöhnt er diesen schlecht, zahlen ihm Bund und Wohnkanton die Prämienverbilligung. Das heisst, wer sich die Kopfprämie nicht mehr leisten kann, dem wird geholfen. Wer gerade noch genug verdient, dem nicht. Deshalb gerät der untere Mittelstand immer mehr in Schräglage.

Das Verrückteste an der Kopfprämie ist der Kantönligeist. Natürlich ist das Leben und auch die Medizin in Appenzell billiger als in Zürich, Basel oder Genf. Also ist die Kopfprämie in Appenzell Innerrhoden kostengünstiger als in den genannten Städten.

Nicht zu begreifen ist das Gefälle zwischen den Vorortsgemeinden und der Stadt Basel zum Beispiel. Die Menschen leben in der gleichen Region. Die Stadt ist das Zentrum. Sie bietet für alle ein grosses kulturelles Angebot, dazu die Universität oder den FCB. Stadt und Land sind als Agglomeration eine Einheit.

Das hört bei der Kopfprämie für die Grundversicherung auf. Die Steinbühlallee zum Beispiel trennt die Halbkantone Basel. Wer auf der rechten Seite wohnt, ist in Baselstadt und bezahlt fast 100 Franken mehr für die Grundversicherung. Im Monat! Die auf der linken Seite gehören zu Baselland. Dort ist die Grundversicherung billiger. Eben um fast 100 Franken.

Flavio Cotti wechselte 1993, nach dem Rücktritt von René Felber aus dem Bundesrat, von der Sozial- in die Aussenpolitik. Im Staatskalender heisst das zuständige Departement nicht etwa Aussenministerium, sondern ‹Eidgenössisches Departement für äussere Angelegenheiten›.

Aussenpolitik nur eine ‹Angelegenheit›? Das war nicht nach Cottis Geschmack. Dafür hatte es ihn nicht auf die Bühne der diplomatischen Welt gedrängt.

Über Jahrzehnte hinweg galt im Bundeshaus ‹keine Aussenpolitik› als die beste Aussenpolitik. Die Neutralität verbiete es der Schweiz, sich aussenpolitisch einzumischen, so lautete die Doktrin. Die Neutralität diente als Feigenblatt für aussenpolitische Impotenz.

Aussenhandelspolitik hingegen wurde ganz gross geschrieben. Geschäfte machen also. Da sind wir Klasse. Heute noch.

Cotti krempelte den aussenpolitischen ‹Laden› um. Von oben nach unten. Wie ein neuer Fussballtrainer, der die Mannschaft völlig umstellt.

Cotti holte neue Diplomaten, machte den Botschaften im Ausland Dampf unter dem Partystuhl. Die Herrschaften reagierten ganz schön beleidigt. Gar nicht diplomatisch.

Das eben gehörte zum System Cotti. Zeigen, «wo Gott hockt». Spüren lassen, dass ein neuer Wind weht. Damit die Mitarbeiter begreifen, sich warm anziehen zu müssen.

Bundesrat Cotti bewies nun mal kein Talent, möglichst diskret und bescheiden aufzutreten. Für seine Begriffe hatten die Diplomaten zu lange eine ruhige Kugel geschoben. Er wollte mehr ‹Ägtschen›.

Der schweizerische Aussenminister hat begrenzte Möglichkeiten. Er ist im Kollegium eingebunden. Das lässt keine grossen aussenpolitischen Sprünge zu. Aussenpolitik galt, auch im Bundesrat, als so etwas wie ein Freizeithobby des unwichtigsten Mitglieds im Gremium. Das ist heute anders. Europäische Union und UNO-Mitgliedschaft haben den Stellenwert der Aussenpolitik erhöht. Mit dem Zusammenbruch der Sowjetunion und dem Ende des Kalten Krieges zwischen Ost und West ist die Welt zusammengerückt. Deshalb reden wir von der Globalisierung.

Trotzdem arbeitete die Zeit nicht für Aussenminister Cotti. Er versuchte alles, unsere Aussenpolitik aufzuwerten. Gäbe es für Diplomatie ein Doping, Cotti hätte auch das verschrieben.

Das war nach den beiden Weltkriegen anders. Nach dem Ersten Weltkrieg gehörte Aussenminister Giuseppe Motta zu den Gründern des Völkerbundes mit Sitz in Genf. Nur deshalb hat die UNO als Nachfolgeorganisation neben New York ihren zweiten Sitz in Genf.

Am Ende des Zweiten Weltkriegs war die Landkarte völlig durcheinander geraten. In China übernahmen Mao Tse-tungs Kommunisten die Macht. Von da an wurde China im Westen abschätzig Rotchina genannt. Mit dem niemand diplomatische Beziehungen haben wollte. Bis auf den kommunistischen Nachbarn, die Sowjetunion. Und dann noch die Schweiz.

Aussenminister Max Petitpierre muss den politischen Weitblick gehabt und die Bedeutung Chinas vorausgesehen haben. Die

Schweiz nahm erst als zweites Land mit China diplomatische Beziehungen auf. Das hat sich bis auf den heutigen Tag ausgezahlt.

Derart günstige Gelegenheiten boten sich Cotti nicht. Ob er sie wie Motta und Petitpierre genutzt hätte, bleibt daher offen. Cotti muss deshalb in die Reihe seiner Vorgänger gestellt werden, die ebenfalls keine grossen Stricke zerrissen haben. Es bestand dazu nie eine Chance.

Cotti ist ein eloquenter Redner. Das ist für einen Politiker unbezahlbares Kapital. Ihm zuzuhören bereitete stets auch Vergnügen. Wer so begabt ist, läuft gerne Gefahr, Rhetorik mit Inhalt zu verwechseln. Das ist wie in der Konsumwelt. Die Verpackung ist oft schöner als das Produkt. Um fair zu bleiben: Cotti hat nicht nur geredet, sondern auch etwas gesagt.

Der Aussenminister wurde aktiv, als die beiden Grossbanken UBS und Credit Suisse in den USA massiv unter Druck gerieten. Anlass bildeten die Holocaustvermögen. Gelder von ermordeten Juden, die von den Banken zurückbehalten worden waren. Man nannte sie nachrichtenlose Vermögen. Ein US-Senator sprach von Milliarden.

Als sich die Lage dramatisch zuspitzte, ernannte Cotti Thomas Borer zum Sonderbotschafter. Denn inzwischen drohte den beiden Banken in den USA ein Geschäftsverbot. Damit wurden die Interessen der Schweiz tangiert. Sonderbotschafter Borer fasste den Auftrag, eine diplomatische Lösung auszuhandeln.

Die Grossbanken gehören nicht unbedingt zu den Lieblingen der Nation. Doch die Politik durfte nicht zuschauen, wie ihnen in Amerika der Boden unter den Füssen weggezogen werden sollte. Borer packte seine Feuerwehrübung tatkräftig und geschickt an.

Das nötige Gespür, diplomatisches Können sowie absolute Diskretion gehörten zur Mission. Deshalb erfuhr die Öffentlichkeit von ihm kaum etwas. Wir wussten lediglich, Borer jettet ständig zwischen New York, Washington, Tel Aviv und Bern hin und her.

Der Abschluss erfolgte schnell und überraschend. UBS und Credit Suisse unterschrieben mit dem Jüdischen Weltkongress einen Deal. Sie bezahlten 1,8 Milliarden Franken. Hätten sie früher richtig gehandelt, wären sie günstiger davongekommen, meinten Kenner.

Der verstorbene Sigi Feigl, Anwalt in Zürich, war damals der bekannteste Vertreter der jüdischen Gemeinschaft. Ihn störte die Abmachung mit dem Jüdischen Weltkongress. Das sei, erzählte er mir, eine rein private Organisation wie eine Aktiengesellschaft, ohne demokratische Legitimation. Und nicht, wie man glauben möchte, die repräsentative Weltorganisation der Juden. «Ich hätte dem Jüdischen Weltkongress nie Geld gegeben», meinte er.

Ich denke oft an Sigi Feigl. Die 1,8 Milliarden Franken waren für Hinterbliebene von Holocaust-Opfern vorgesehen. Ob sie auch entsprechend ausbezahlt worden sind, will niemand so genau wissen.

UBS und Credit Suisse jedenfalls haben sich freigekauft.

Vermutlich blieb ihnen keine bessere Wahl.

Flavio Cotti ist nach seinem Rücktritt als Bundesrat in den Beirat der Credit Suisse berufen worden. Es ist still geworden um ihn. Im Gegensatz zu anderen alt Bundesräten mischt er sich nicht mehr in die Politik ein. Wenigstens nicht öffentlich.

Zum Schluss noch eine Geschichte aus dem Fabelbuch.

Ich weiss nicht, weshalb ein Mensch, ein gescheiter noch dazu, die vornehm gepflegte Intrige braucht.

Hatte Cotti sich vorgestellt, ich sei scharf darauf, Negatives über Otto Stich als Bundesrat anzuhören? Vermutlich.

Item, Flavio Cotti hatte mich zum Mittagessen eingeladen. Solche Informationsgespräche sind für einen Parteipräsidenten nützlich.

«Ich habe nur eine Stunde Zeit», gab Cotti gleich den Fahrplan durch. Sie genügte, um ausgiebig über seinen Berufskollegen Otto Stich herzuziehen. Und zwar derart penetrant, dass ich beim Hinausgehen fragte: «Ist dir etwas aufgefallen???» – «Nein, warum?» – «Du hast etwa 45 Minuten lang nur den Stich kritisiert. Weitere zehn Minuten brauchtest du für Noldi Koller. Die restlichen fünf Minuten gehörten mir.»

Drei Wochen später. Nach einer Kommissionssitzung im Bundeshaus ging ich ins Hotel Bern, wo ich übernachtete. Der Chefkoch heisst Emil Bolli. Er kocht seit 1989 für Köbi Kuhns Fussballer, wenn die Nationalmannschaft an der WM oder sonst auswärts spielt. (Das nur nebenbei. Damit Sie wissen, wie weit es das alte Volkshaus, heute eben Hotel Bern, gebracht hat.)

Mich haute es fast um. Im Restaurant sassen vier bekannte Herren beim Jassen. Ein Paar bildeten Flavio Cotti und Otto Stich. «Heilanddonner, die jassen ja zusammen», murmelte ich vor mich hin.

Vom Chef de Service wollte ich wissen: «Ist das heute eine Premiere? Stich und Cotti?» – «Nein, die jassen fast jeden Donnerstag miteinander.»

Hoch lebe das Kollegialsystem.

Leo Schürmann – kann einer zu gut sein?

Ende 2006 wurde eine Univox-Studie über den Staat und seine Politiker veröffentlicht. 710 Personen waren dazu befragt worden. Daraus werden allgemein gültige Schlüsse gezogen. Die meisten Befragten sind der Meinung, Politiker hätten keine Prinzipien ausser ihren Eigeninteressen. Sie würden sich kaum um die Anliegen der Menschen kümmern. Die grosse Mehrheit der Bevölkerung zweifle an der Integrität der Politiker.

Politiker sind demnach eine traurige Gesellschaft. Eine himmeltraurige sogar. – Einspruch!

Es gibt nicht ‹die› Politiker. Es gibt nur den Politiker, die Politikerin. Nie sind alle gleich. Nicht bei den Ärzten, Verkäuferinnen, Polizisten, Chauffeuren, Managern, Krankenschwestern oder eben Politikern. Der Mensch ist ein Individiuum, kein Herdentier. Zudem glaube ich, Politiker seien weder besser noch schlechter als die Gesellschaft, als ihr Volk, das sie wählt. Drittens schliesslich: Meine Erfahrungen sind ganz andere als die Ergebnisse der Univox-Studie.

Bundesrat Rudolf Gnägi hatte mal geschwärmt, wie schön es sei, Bundesrat zu sein: «Überall wird der rote Teppich ausgerollt.»

Das passiert den National- und Ständeräten nicht. Sie spielen nicht wie Bundesräte in der Champions League. Vielleicht sagt man ihnen deshalb Volksvertreter.

Was mich trotzdem immer gestört hat: Zu viele aus dem ‹Volk› haben vor dem Titel National- oder Ständerat zu viel Respekt.

Zum Glück gibt es die Vernünftigen. Menschen, die sich mit einem Parlamentarier normal unterhalten und nicht vor lauter Respekt fast sterben. Das sind dann die Gespräche auf gleicher Augenhöhe. Von Bürger zu Bürger. Da bekommt man zu hören, was die Leute beschäftigt, wo sie der Schuh drückt.

Eine spezielle Kategorie sind die Unbequemen. Sie stehen bei mir hoch im Kurs. Die Unbequemen sind die Besten. Erstens sagen sie einem offen ihre Meinung, und zweitens bewahren sie einen Politiker davor zu meinen, er wisse alles besser.

Womit ich beim Thema bin. Politik ist für mich nicht zuletzt deshalb so faszinierend, weil sie immer auch mit Menschen verbunden ist. Mit dem Parteifreund, dem politischen Gegner, dem Heiri Huber aus dem Volk, der Frau Blumenthal aus der besseren Vorstadt oder dem Wirtschaftsmanager. Grossmutter sagte immer: «Der Herrgott hat verschiedene Kostgänger.» So ist es.

Einer der interessantesten Menschen war für mich der Solothurner CVP-Nationalrat Leo Schürmann. Das aus verschiedensten Gründen.

Einmal bewunderte ich seine Schaffenskraft. Während einer Session zum Beispiel belegte Leo Schürmann zwei Stühle. Den im Ratssaal, wenn es um wichtige Entscheidungen ging. Bei allgemeinen Debatten, wenn also nur geredet, aber nicht abgestimmt wurde, sass er draussen in der Wandelhalle am Pult. Und arbeitete.

Schürmann war ein Multitalent. Gerichtspräsident, Nationalrat, Präsident der Kartellkommission, Oberst der Armee, Experte da, Experte dort.

Er reduzierte seine Einsätze im Ratssaal auf das absolute Minimum.

Immer jedoch veröffentlichten am Samstag einer Sessionswoche die ‹Solothurner Nachrichten› von Leo Schürmann einen Sessionsbericht. Und ich war wieder beeindruckt: Schürmann besass die Gabe, das Wichtigste erkannt zu haben. Man hätte beim Lesen meinen können, er wäre ständig im Ratssaal gewesen.

Schürmann schien auch dann drin im Ratssaal zu sein, wenn er draussen am Pult Akten las, an einem Expertenbericht arbeitete oder den Sessionsbericht für die ‹Solothurner Nachrichten› redigierte. Und immer tat er alles überaus konzentriert, speditiv, in Rekordzeit. Der zweite Grund, weshalb er mich stets von Neuem erstaunte.

1972 hatte ihn Bundesrat Hans Peter Tschudi wieder einmal als Experte geholt. Umweltschutz war zu einem politischen Schwerpunktthema geworden. Der Bundesrat schlug vor, einen entsprechenden Artikel in die Verfassung aufzunehmen. Mehr als 80 Prozent stimmten ihm in der Volksabstimmung zu.

In der Bundesverfassung wird ein Grundsatz wie Armee, AHV, Krankenversicherung etc. verankert. Beim Umweltschutz bedeutete das, nun müsse ein Ausführungsgesetz erlassen werden, um den Verfassungsauftrag umzusetzen. Tschudi brauchte dazu Hilfe von Fachleuten. Eine Expertenkommission sollte das Umweltschutzgesetz vorbereiten. Präsidiert wurde sie, wie hätte es anders sein können, von Nationalrat Leo Schürmann.

Expertenkommissionen brauchen in der Regel viel Zeit. Zwei, drei Jahre meist. Manchmal mehr. Die Aktienrechtsreform zum Beispiel beschäftigte zwei Expertenkommissionen während fast zehn Jahren. Zwei Kommissionen deshalb, weil der Vorschlag der Expertenkommission eins im Bundesrat durchgefallen war. «Das Ganze noch einmal!», lautete der Auftrag.

Leo Schürmann ging mit seiner Kommission rasant an die Arbeit. Nach 14 Monaten legte er dem Auftraggeber einen fixfertigen Entwurf für ein Umweltschutzgesetz vor. Er wäre heute noch ein Schmuckstück. Schürmanns Expertenkommission hatte nicht nur zeitlich einen neuen Rekord aufgestellt. Beim deutschen Warentest hätte sie für die Qualität ihrer Vorschläge das höchste Gütezeichen bekommen. Das war vor allem das Verdienst des Kommissionspräsidenten Leo Schürmann.

Die bürgerliche Mehrheit im Nationalrat vermochte jedoch Schürmanns Auffassungen von Umweltschutz nicht zu folgen. Für die damalige Zeit waren sie zu fortschrittlich. Umweltschutz stand erst ganz am Anfang.

Das Rückgrat des Schürmann'schen Entwurfes war das so genannte Verursacherprinzip, das einfach zu erklären ist: Wer den Schaden verursacht, bezahlt. Wer die Umwelt versaut, kommt an die Kasse.

Dieser Grundsatz ist bis heute nicht voll umgesetzt. Leo Schürmann hatte damals schon den wunden Punkt getroffen: Umweltverschmutzung muss teuer werden. So teuer, dass Umweltschutz rentiert. Dabei geht es um Geld. Bei Geld hört bekanntlich der Spass auf. Umweltschutz sei schon recht, meinen fast alle Politiker und Wirtschaftsführer. Dann folgt das grosse Aber. Er sollte möglichst wenig kosten.

Darum dreht sich heute noch der Streit: wie viel Umweltschutz finanziell tragbar sei. Ob dabei Natur und Umwelt vor die Hunde gehen, scheint zweitrangig zu sein. Die Erkenntnis, dass es in einer kaputten Natur und zerstörten Umwelt keine gesunde Wirtschaft und Gesellschaft geben kann, hat sich noch nicht voll durchgesetzt. In der Theorie schon. Womit wir wieder beim Geld wären. Bei der Praxis also. Die müsste besser sein.

Der CVP-Nationalrat Leo Schürmann war ein bürgerlicher Politiker. Einer mit Weitblick. Einer, dem klar war: Luft und Wasser sind klassenlos. Alle sind darauf angewiesen. Bei der Erhaltung unserer Umwelt hörte für ihn das übliche Feilschen um politische Kompromisse auf. Es geht um Sein oder Nichtsein.

Schürmanns Einfallsreichtum verblüffte stets von Neuem. Als Präsident der nationalrätlichen Militärkommission, das war er auch noch, trickste er den Bundesrat listig aus. Um was ging es?

Die Armee brauchte ein modernes Frühwarnradarsystem. Mit dem man feindliche Luftangriffe bis nach Warschau hätte voraussehen können.

Das vom EMD (Eidgenössisches Militärdepartement, heute VBS) vorgeschlagene ‹Florida-System› von der US-Firma Hughes lehnten wir von der SP ab. Das nicht einfach so. Auch Korpskommandant Alfred Ernst war gegen diese Beschaffung. Wir wollten folglich wissen, warum. Und beantragten, ihn in der Militärkommission anzuhören. Das wiederum war nach den üblichen Spielregeln nicht zulässig.

EMD-Chef Rudolf Gnägi wurde laut. Im Parlament, im Bundesrat sei das Spiel von Mehrheit und Minderheit legitim. «Bei der Armee hingegen gibt es das nicht. Was die Mehrheit beschliesst, gilt. Und zwar für alle. Wo kämen wir hin, wenn im Ernstfall eine Minderheit die Lage anders beurteilte. Deshalb kann es nicht in Frage kommen, Korpskommandant Ernst in die Kommission einzuladen. Er ist bei ‹Florida› der einzige von sieben Korpskommandanten, der eine andere Meinung vertritt. Auch für ihn gilt der Beschluss.»

Kommissionspräsident Schürmann zeigte für Bundesrat Gnägi Verständnis. «Ich sehe ein, dass wir Alfred Ernst nicht allein anhören können. Deshalb schlage ich vor, alle Korpskommandanten in die Kommission einzuladen.» Mit diesem Zug hatte er Gnägi schachmatt gesetzt.

Das Hearing mit den Korpskommandanten der Schweizer Armee blieb in meiner Parlamentsarbeit ein einmaliges Ereignis. Ein unvergessliches zudem.

Der Besuch aller ‹Generäle› war eine Premiere. Es herrschte Hochspannung im Sitzungszimmer. Die sieben Höchsten der Armee bildeten keine verschworene Gemeinschaft. Einer fiel aus dem Rahmen.

Alfred Ernst begründete seine Opposition zum Florida-Frühwarnradarsystem. Das brachte seine Dienstkollegen auf die Palme. Sie machten Ernst ‹fertig›. Putzten ihn ab wie einen Schulbuben. Bezweifelten seine waffentechnischen Kenntnisse. Und überhaupt.

Ein richtiger Korpskommandant könne sich nicht so aufführen wie er, war deutlich herauszuhören.

Alfred Ernst verlangte ein Time-out. «Ich muss etwas sagen», bat er den Kommissionspräsidenten. Und bekam das Wort: «Mein Name ist Alfred Ernst, Korpskommandant der Schweizer Armee. Glauben Sie mir wenigstens, dass ich für die Landesverteidigung bin?»

Volltreffer. Seine sechs Kameraden versanken in verlegenes und betroffenes Schweigen. Sie erkannten zu spät, in welch peinliche Lage sie sich selber verrannt hatten. Für uns in der Kommission bildete der Auftritt der sieben Kommandanten eine Lehre. Allen war exemplarisch vordemonstriert worden, wie viel Zivilcourage es braucht, in dieser Armee eine eigene Meinung zu haben.

In der Bundesversammlung herrschte im Dezember 1973 Hochbetrieb.

Was ist die Bundesversammlung? Wenn National- und Ständerat gemeinsam tagen. Das tun sie bei Wahlen in den Bundesrat, ins Bundesgericht oder bei einem aussergewöhnlichen Ereignis.

Nach den eidgenössischen Wahlen stehen alle sieben Bundesräte zur Wahl. Dazwischen gibt es Ersatzwahlen. Dass gerade drei zurückgetreten waren wie Ende 1973, ermöglichte einen spannenden Wahltag. Zumal die drei Demissionäre von der FDP, CVP und SP waren.

Aus dem gleichen Kanton durften damals nicht zwei Bundesräte gewählt werden. Heute ist diese Auflage eliminiert. 1973 spielte sie eine entscheidende Rolle. Denn es kandidierten zwei Solothurner: Willi Ritschard von der SP, Leo Schürmann von der CVP.

Leo Schürmann war keiner, der um Zuneigung buhlte. Sein Umgang mit Ratskollegen verdiente kaum die Bestnote. Wer ihm nicht passte oder wen er als eine Nummer zu klein betrachtete, grüsste er schon mal nicht, übersah ihn nicht unabsichtlich oder winkte ihm wie zum Abschied lässig zu. Das machte ihn für viele arrogant. Ich sah das anders. Schürmann scharwenzelte nicht um andere herum, sondern sagte sich, «nehmt mich so wie ich bin». Nur: So viel Ehrlichkeit ertragen nicht alle beleidigten Leberwürste.

Leo Schürmann kümmerte sich also wenig darum, ob seine Fraktion daran gedacht hatte, er könnte ein Bundesratskandidat sein. Da lag er richtig. Deshalb ernannte er sich selber zum Kandidaten. Und löste damit in der CVP-Fraktion Angstschweiss aus.

Ich sass im Ratssaal vor Hans Wyer, CVP-Nationalrat aus dem Wallis, zeitweise Parteipräsident. Wyer erklärte mir, weshalb über Schürmanns Wunsch, Bundesrat werden zu wollen, bei seiner Fraktion nicht gerade Jubel ausgebrochen sei. Zu dieser Zeit sass Kurt Furgler im Bundesrat. Der St. Galler war ein brillanter Kopf. Willi Ritschard gestand mir mal, Furgler sei zwar der gescheiteste im Gremium, nicht jedoch der beliebteste.

Das sah Hans Wyer nicht anders. Kurt Furgler dominiere auch die CVP-Fraktion, meinte er. Gerade vor Freude strahlte er dabei nicht. «Zu Furgler nun auch noch ein Leo Schürmann!», klagte Wyer, «das hält meine Fraktion nicht aus. Bei zwei solchen Superstars hätten wir nichts mehr zu bestellen. Das Duo Furgler-Schürmann würde uns ständig in Grund und Boden fahren.»

So ist Politik. Es kann einer auch zu gescheit sein. Zu tüchtig, zu gut als Bundesrat.

Wenn drei Neue gewählt werden, wer bestimmt die Reihenfolge?

Als erstes wird der Nachfolger des amtsältesten Demissionärs ins Rennen geschickt. Daher wurde zuerst der Ersatz für Hans Peter Tschudi gewählt. Die SP-Fraktion schlug dafür den Aargauer Arthur Schmid vor. Gewählt wurde der Solothurner SP-Regierungsrat Willi Ritschard. Damit war Leo Schürmann ausgeschieden. Für einen zweiten Solothurner blieb der Zutritt verboten.

CVP-Fraktionschef Alois Hürlimann strahlte. Zufrieden sagte er halblaut vor sich hin: «So, der Fall Schürmann wäre erledigt.» Der CVP-Fraktionspräsident wirkte wie einer, der noch einmal davongekommen war. Statt Schürmann rückte der Zuger Hans Hürlimann, Vater des Schriftstellers Thomas, in den Bundesrat nach.

Sechs Monate später hängte Leo Schürmann den Nationalrat an den Nagel. Er sah in der Politik keine Perspektive mehr. Wohl auch keine lohnenswerte Herausforderung. Schürmann suchte eine neue Aufgabe.

Unterlegene Bundesratskandidaten bekommen meistens einen Trostpreis. Der für Schürmann war mehr als das. Er nahm Platz in der Generaldirektion der Schweizerischen Nationalbank. Bald einmal begann er sich dort zu langweilen.

Nach etwa acht Monaten traf ich Leo Schürmann zufällig im Bahnhof Bern. «Wie gefällt es dir bei der Nationalbank?», überfiel ich ihn. «Es ist langweilig. Ab 11 Uhr habe ich nichts mehr zu tun.»

Andere klagen, sie würden in der Arbeit fast ersaufen, klönen über Stress, Schürmann aber hatte zu wenig zu tun. Hätte ich ihn nicht ziemlich gut gekannt, würde ich gedacht haben, «was für ein Aufschneider». Nicht bei Schürmann. Diese Arbeitsmaschine war mit nur einem Amt ganz einfach nicht ausgelastet genug. Das war so. Ich glaubte ihm. Schürmann hielt es denn in diesem Geldhaus auch nicht lange aus.

Nächste Station: SRG, Schweizerische Radio- und Fernsehgesellschaft, Giacomettistrasse 1, Bern. Leo Schürmann nun Generaldirektor. Niemand zweifelte an seinem Organisationstalent. Mehr allerdings an der kulturellen Zuständigkeit. Spötter lästerten, er verwechsle Ländlermusik mit Kultur. Was sie natürlich ist. Gemeint jedoch war, bei der Ländlermusik höre sein kultureller Horizont auf.

Die Kritiker übersahen eines. Schürmann sollte nicht Programmdirektor sein, sondern politischer Stabilisator. Die SRG stand unter politischem Beschuss von rechts. Noch hinter dem letzten Moderator vermutete man einen subversiven Linken.

Die SRG benötigte demnach einen tüchtigen Fürsprecher, der für ein gutes politisches Gewissen sorgte. Schürmann war bürgerlich genug, um für Konservative unverdächtig zu sein. Aber auch seine liberale Grundhaltung blieb über alle Zweifel erhaben. So akzeptierten ihn alle, auch Linke. Schürmann bewegte sich zwischen Mitte rechts und Mitte links. Sozusagen als helvetischer Kompromiss in Person. Die ideale Rollenbesetzung für die SRG.

Eines kannte der Solothurner nicht: Berührungsängste.

Als noch sehr junger Nationalrat profitierte ich davon. Ich fiel damals bei der Militärjustiz in Ungnade. Mir war vorgeworfen worden, militärische Landesinteressen missachtet und mich damit strafbar gemacht zu haben. Ein Fressen für die Militärjustiz. Die Armee hat eine eigene Justiz, wohl auch eine eigene militärische Gerechtigkeit.

Leo Schürmann jedoch, der die nationalrätliche Geschäftsprüfungskommission präsidierte, vertrieb die Spürhunde und schickte die Militärjuristen in Klausur. Er ersparte mir so die Anklage beim Militärgericht. Furcht vor hohen militärischen Tieren gab es bei ihm nicht.

Den nötigen Mumm, sie zur Vernunft zu bringen, besass er. Ein wirklich aussergewöhnlicher Politiker.

Die Univox-Studie, wonach Politiker keine Prinzipien haben und lediglich Vorteile für sich suchen, ist also falsch. Nur schon Leo Schürmann widerlegt eine solche Behauptung.

Seine forsche Art, so genannte Hinterbänkler rechts oder links stehen zu lassen, kostete ihn wohl den Bundesrat. «Schürmann ist ein schnoddriger Hund», beklagte sich bei mir mal einer aus seiner CVP-Fraktion.

Das erinnerte mich an den brillanten SP-Nationalrat Walther Bringolf, Schaffhausen. Vielleicht der beste Kopf, den die SP im letzten Jahrhundert in ihren Reihen hatte. Er gehörte, wie später Schürmann, zur parlamentarischen Extraklasse. Und auch er hasste, wie er gestand, ‹Dummköpfe›. Er nannte Namen. Nur haben ‹Dummköpfe› auch eine Stimme. Sie rächten sich 1959. Als sie statt Walther Bringolf den Basler Hans Peter Tschudi in den Bundesrat wählten.

Vielleicht wäre Leo Schürmann wirklich zu gut für den Bundesrat gewesen.

Ein Bundesrat testete Spitzenköche

National- und Ständeräte der gleichen Partei bilden eine Fraktion. In der Fraktion werden die Geschäfte für die nächste Session vorbereitet. Sie ist eine Arbeitsgemeinschaft.

Ob sich alle mögen? Alle wollen für ihre Partei das Beste. Oder sollten es wenigstens wollen.

Die Gleichgesinnten sind auch Konkurrenten. Mit persönlichen Ambitionen. Wer wird Fraktionspräsident? Wer schafft es in den Fraktionsvorstand? Wer darf in den Europarat nach Strassburg? Wer wird bei der Budgetberatung Fraktionssprecherin? Es geht um die Rolle, die er oder sie im Bundeshaus spielt.

Interessenkonflikte sind programmiert. Narben bleiben zurück, wie kollegial auch immer sie gelöst werden. Irgendwer bleibt auf der Strecke. Nicht jedes Fraktionsmitglied ist diesen Ansprüchen gewachsen.

In jeder Fraktion hat es ein paar Schwergewichte, die den Ton angeben. Das degradiert andere nicht zu Statisten.

Es ist wie mit einer Fussballmannschaft. Die braucht für den Erfolg die richtige Mischung: Draufgänger, Bedächtige, Schnelle, Ausdauernde, Kämpfer, technisch Begabte. Im Bundeshaus ist das mit einer Fraktion nicht viel anders.

Nach der Sitzung löst sich die Fraktion in Gruppen und Grüppchen auf. Wer geht mit wem essen? Alle können das nicht zusammen. Sonst müsste man einen Saal reservieren. Mit der Zeit finden sich ein paar, deren Chemie zusammenpasst. Damit bin ich bei meiner kleinen Geschichte.

Die beiden Zürcher Lilian Uchtenhagen und Walter Renschler bildeten mit uns Baslern – Andreas Gerwig und mir – eine verschworene Gemeinschaft. In der Arbeit, Freizeit, beim Essen.

Zeit zum Essen war abends. Über den Mittag reichte es zum Birchermüsli, zum Käsekuchen oder sonstwie zu einer einfachen Mahlzeit. Wer da zu viel isst, wenn möglich mit Wein, wird schläfrig. Ist nicht fit für die Nachmittagssitzungen.

Wir bekamen oft Zuzüger. Yvette Jaggi zum Beispiel. Sie war praktisch die einzige Welsche, die regelmässig mit Deutschschweizern essen ging. Die anderen Romands blieben unter sich oder reisten stets heim. Ein Grund, weshalb der Kontakt mit ihnen ausserordentlich schwierig war. Den Röstigraben, den gab es. Auch in der Fraktion.

Gerne trafen wir uns mit Medienschaffenden. Noch lieber hätten wir auch mal unseren Kollegen Moritz Leuenberger am Tisch gehabt.

Jedes Mal jedoch, wenn wir ihn fragten, ob er mit uns essen komme, sagte er ab. «Keine Zeit», so die stereotype Antwort. Ich nahm ihm das einfach nicht mehr ab. Und provozierte bewusst: «Sind wir dir eigentlich zu wenig, dass du nie Lust hast, mit uns auszugehen?»

Moritz lächelte leicht verlegen. Er müsse mir etwas gestehen, sei aber auf absolute Diskretion angewiesen. Sonst könne er aufhören damit. Womit?

Während der Session ging Nationalrat Moritz Leuenberger abends einer anspruchsvollen Tätigkeit nach. Er besuchte in der Region Bern Restaurants. Keine gewöhnlichen, nur Nobelbeizen, wie wir in Basel sagen. Er tat das nicht aus privatem Vergnügen, sondern professionell, als Tester. Als Tester für den Gourmetführer ‹Gault Millau›, das Kursbuch für gepflegtes Essen.

Leuenberger testete Spitzenköche. Vergab Pluspunkte, dem einen mehr, dem anderen weniger. Dazu muss einer von Kochen und Küche etwas verstehen. Was heisst da etwas? Der Tester ist ein ausgewiesener Kenner, ein Liebhaber der Kochkunst, ein kulinarischer Geniesser.

Hätten Sie das dem Moritz Leuenberger zugetraut?

Eigentlich personifiziert er schon fast ideal den Asketen. Er sieht aus wie einer, der sich zwar ernährt, aber nur aus Pflicht, nicht mit Lust. Der einen Bio-Salatteller bestellt, niemals jedoch ein Kalbssteak an einer Morchelsauce. Falsch. Leuenberger geniesst nicht nur gediegenes Essen, er kocht selber. Das erst noch ausgezeichnet.

Das versteckte Kochtalent logierte während der Session nicht im Hotel wie die meisten. Er wohnte bei Hans Werder. Seit der Untermieter Bundesrat ist, arbeitet Werder als sein Generalsekretär.

Moritz hatte immer wieder sechs bis acht Leute aus der Fraktion in Hans Werders Wohnung zum Essen eingeladen. Serviert wurde nicht etwa Geschnetzeltes mit Rösti oder Wiener Schnitzel mit Pommes frites. Es gab Exquisites in Spitzenqualität. Leuenberger überraschte mit einem Sechsgangmenü.

«Alles hätte ich dir zugetraut, nur nicht, dass du so hervorragend kochst», bedankte sich auch Willi Ritschard, als er erstmals bei Werder eingeladen war.

Doch – der Job als Tester passte zum kultivierten Politiker. Es wird ja nicht allein die Küche bewertet, sondern ebenso das Umfeld. Die Bedienung, das Ambiente, das Wohlgefühl als Gast.

Als Feldweibel, der die Militärkantine inspiziert, könnte ich mir Moritz Leuenberger nicht vorstellen. Dass er gelegentlich mit dem Gedanken spielte, «eigentlich wäre ich besser Koch statt Jurist geworden», geht auf das Konto seiner Eitelkeit. Er möchte einfach hören, «ein guter Jurist bist du ja sowieso».

Leute, die nicht unbedingt zu seinen Freunden zählen, meinen, er wäre gescheiter Koch statt Politiker geworden.

Doch das ist ein anderes Kapitel.

Genossen und andere, die sich nicht mögen

Das Bonmot ist bekannt: «Tritt dir einer auf die Flosse, ist es sicher ein Genosse.»

Moritz Leuenberger hat nicht das Aussehen eines Schwergewichtsboxers. Auch in der Politik ist er nicht der Mann fürs Grobe. Er ist dünnhäutig, reagiert empfindlich auf öffentliche Kritik. Für Ratschläge ist er empfänglich. Allerdings nur von Ratgebern, die er mag.

Aus meiner Erfahrung glaube ich zu wissen, Politiker haben auch eine Seele. Das heisst nicht, dass sie Seelenschmerz zugeben würden. Politik brauche harte Burschen, meinen Männer. Das sehen die meisten Frauen anders.

Zur idealen Ausstattung eines Politikers gehört eine gute Portion Gelassenheit. Dazu Einsteckvermögen, Sinn fürs Wesentliche, ein Gedächtnis, das Unerfreuliches wieder mal vergessen kann, dicke Haut und Sensibilität. So überlebt man(n) die Jahre z. B. als Präsident der SP bei guter Laune.

Wir haben unsere Gene mit der Geburt geschenkt bekommen. Als Erbgut der Eltern, der Grossmutter, von wem auch immer. Sind wir also für unsere Stärken und Schwächen gar nicht selber verantwortlich? Politik funktioniert anders. Das hat Moritz Leuenberger erfahren müssen.

SP-Präsident Peter Bodenmann war nach Wien gereist. Er führte Gespräche mit Bundeskanzler Franz Vranitzky. Thema: Verkehr über den Brenner und durch den Gotthard, Verlagerung der Güter von der Strasse auf die Schiene. So weit, so gut.

Nicht beim Verkehrsminister Leuenberger. Als er davon erfuhr, reagierte er hart. So hatten wir ihn noch nie erlebt: «Ich lasse es mir nicht gefallen, dass der Parteipräsident hinter meinem Rücken

Verkehrspolitik betreibt.» Er sprach mit verbissener Miene und bösem Blick. Moritz schien ausser Rand und Band zu sein. Und – einmal in Fahrt, kanzelte er gleich die ganze Fraktion ab. «Ich muss es mir wirklich überlegen», holte er zur Strafpredigt aus, «ob ich dieser Fraktion noch vertrauliche Mitteilungen machen darf, ohne dass ich riskiere, dass sie in ausländische Hände geraten.»

Dieser Seitenhieb ging an die Adresse des Parteipräsidenten.

Um dessen scheinbar unqualifiziertes Vorgehen in seiner ganzen Tragweite darzustellen, drohte Leuenberger mit der Kollektivstrafe.

In der Fraktion blieb betroffene Stille zurück. Ratlosigkeit auch. Keiner hatte begriffen, weshalb der sonst eher sanfte Moritz dermassen ausgerastet war. Gut, Peter Bodenmann hätte ihn über den Besuch in Wien vorgängig orientieren können. Dass er das unterliess, rechtfertigte das Theater nicht, das Leuenberger aufführte.

Bundesräte sind Respektspersonen. Nicht nur in der Bevölkerung, auch in einer Fraktion. Sich mit dem Genossen Bundesrat anzulegen, ist selten ratsam, ist fast immer riskant. Der Bundesrat sitzt am längeren Hebel. Deshalb überlegen es sich Parlamentarier meist zweimal, bevor sie aufs hohe politische Seil gehen. Das wusste Leuenberger, deshalb getraute er sich, selbst den Parteipräsidenten abzukanzeln.

Mir war klar, diesen Auftritt konnten wir dem Verkehrsminister nicht durchgehen lassen. Nur, wer sollte ihm das sagen?

In solchen Fällen war ‹der Alte› an der Reihe. Der mit Abstand Älteste war ich. Irgendeinmal hatte es der Hinterste kapiert, dass der Alte politisch nicht mehr höher hinaus wollte. Meine Karriere konnte im Rückspiegel betrachtet werden. Ich war für keinen mehr ein Konkurrent.

Das Alter ist ja nicht einfach eine tolle Tugend. Aber diese wundersame Position des Alten hatte durchaus ihren Reiz. Bei mir kam dazu, dass ich mich mit beiden bestens verstand. Mit dem Bundesrat und mit dem Parteipräsidenten.

Zuerst musste ich ein Missverständnis aufklären. Der Vorwurf an Peter Bodenmann, er habe in Wien, im Ausland also, hinter dem Rücken Leuenbergers Verkehrspolitik gemacht, war unhaltbar. Bodenmann traf sich mit dem Präsidenten der SP Österreichs. Franz Vranitzky war in Personalunion Bundeskanzler und Parteivorsitzender. Das ist im Ausland die Regel. Der Regierungschef führt die Partei.

Wir kennen das nicht. Es gehört zu unserem demokratischen Verständnis, dass ein Bundesrat eben gerade nicht auch noch Parteichef sein darf. Das wäre für uns zu viel politische Macht in einer Hand. Das passt nicht zu unserem Konkordanzsystem.

Auch unsere vier Bundesratsparteien könnten unterschiedlicher nicht sein. Deshalb regieren bei uns nicht zwei Parteien zusammen, die im Wesentlichen gleiche Auffassungen vertreten. Wie die Rot-Grünen in Deutschland vormals. Wäre das so, hätten wir eine Koalition.

Unser Regierungssystem, das für die Gemeinde, den Kanton, den Bund gilt, sagt: Parteien, die einen ausgewiesenen Wähleranteil haben, sollen mitregieren. Im Bund sind das FDP, SVP, CVP, SP. Sie sind Partner, aber ebenso Konkurrenten. Bundesratsparteien sind also nicht auf Gedeih und Verderb mit der Regierung verbunden, sondern gehen von Fall zu Fall in die Opposition. Die Regierungspartei kann gegen die Regierung votieren. Das wäre in Berlin undenkbar. Drum soll ein Bundesrat nicht auch noch Parteipräsident sein. Die Partei benötigt politischen Freiraum. Der Bundesrat betont umgekehrt eine gewisse Distanz zur eigenen Partei. Beide sind nicht an Weisungen gebunden.

Lehnt die SVP das mit der Europäischen Union ausgehandelte bilaterale Abkommen ab oder beschliesst die SP Rückweisung des

Rüstungsprogramms für die Armee, entsteht daraus keine Staatskrise. Das gehört zum Courant normal. Die vier Bundesratsparteien bilden kein geschlossenes Machtkartell. Nur so ist die Konkordanz erträglich.

Zurück zu Leuenbergers Verbalattacke gegen die Fraktion. Er war wütend geworden, weil der Parteipräsident eigenmächtig Gespräche geführt haben sollte, für die nur er zuständig sei. Besonders betroffen schien er, weil der österreichische Bundeskanzler Bodenmann überhaupt empfangen hatte. Es war Zeit, das Missverständnis aufzuzeigen: «Bodenmann hatte gar keine andere Wahl. Wenn er sich mit dem Parteichef der SP Österreich treffen wollte, musste er mit dem Bundeskanzler reden. Vranitzky ist beides, Bundeskanzler und Vorsitzender der Partei. Das wissen bei uns viele nicht. Du darfst dich ruhig bei Bodenmann entschuldigen.»

Auch die Kollektivanklage gegen die Fraktion musste vom Tisch. Ich blieb unerbittlich, wie ich den Notizen entnehme: «So etwas habe ich in dieser Fraktion noch nie erlebt. Noch kein Bundesrat getraute sich, was du getan hast. Nämlich, die gesamte Fraktion unter Verdacht zu stellen, ihr könnten keine vertraulichen Informationen mehr anvertraut werden. Ich verlange von dir, dass du das zurücknimmst.»

In solchen Momenten fällt mir stets ein, was ich schon unzählige Male gehört habe oder mir geschrieben wurde: «Ich gehe in keine Partei, weil ich dann nicht mehr sagen darf, was ich denke.» Diese Vorstellung hält sich hartnäckig in den Köpfen. Zu Unrecht. Parteien sind nicht eine geschlossene Gesellschaft, in der es nur eine Meinung gibt oder nur eine geduldet wird. Parteien ähneln eher Familien. Es wird heftig diskutiert, gestritten. Keine Rede von gedanklichem Einheitsbrei.

Niemand wird gerne abgestraft. Auch ein Bundesrat nicht. Oder erst recht nicht. Schliesslich versammeln sich in einer Fraktion nicht lauter Freunde. Ein Bundesrat, auch der eigene, steht permanent unter Kontrolle. Was immer er tut oder unterlässt, wird unterschiedlich beurteilt.

Moritz Leuenberger ist nicht nur dünnhäutig, er hat politisches Format, persönliche Grösse.

Ich kenne genügend Politiker, die nie einen Fehler zugeben würden. Sie halten das für Schwäche. Irrtum. Die Leute glauben nicht an unfehlbare Politiker. Die wenigsten sogar an den unfehlbaren Papst.

Gewünscht sind ehrliche, glaubwürdige Politiker. Moritz Leuenberger sah ein, sich verrannt zu haben. Ohne Wenn und Aber nahm er die Vorwürfe an Peter Bodenmann sowie an die Fraktion zurück. Mit angemessenem Bedauern.

Im richtigen Moment die richtigen Worte zu finden, ist in einer verfahrenen Situation befreiend. Sie stehen nicht im Parteiprogramm. Da muss man sich schon selber anstrengen.

War damit die Kontroverse zwischen Bodenmann und Leuenberger beendet? Natürlich nicht. Sie sind Rivalen geblieben. Bis auf den heutigen Tag.

Moritz Leuenberger ist Sohn eines Pfarrers. Etwas Theologisches hat er mitbekommen. Kein anderer Bundesrat hält so viele und so ‹schöne› Reden wie er.

Pfarrerssöhne müssen nicht unbedingt vom Heiligen Geist geprägt sein. Blocher und Leuenberger sind Zeugen dafür. Moritz ist nicht etwa in einer heilen Welt aufgewachsen. Zürich war schweizweit bei der 68-er Rebellion, den späteren Jugendunruhen oder beim Drogenelend das heisseste Pflaster. Nirgends sonst stiessen Jugendgewalt und Staatsgewalt dermassen aufeinander. Der junge

Moritz Leuenberger wurde als Präsident der Stadtpartei früh in die Pflicht genommen.

Eine völlig andere Biografie hat Peter Bodenmann. Sein Vater gehörte als CVP-Ständerat und Präsident der Eidgenössischen Bankenkommission zu den politischen Schwergewichten im Land. Sein Sohn Peter war ein Abtrünniger. Er gründete mit Gesinnungsfreunden das KO, das Kritische Oberwallis. Eine Bewegung links von der SP.

Die KO-Leute erkannten schnell, dass sie eine politische Stimme brauchten. Sie hiess und heisst heute noch ‹Rote Anneliese›, abgeleitet von roter Analyse. Sie ist meines Wissens das einzige alternative Linksorgan, das bis heute überlebt hat.

Der Kanton Wallis gilt als CVP-Land. Dort regieren die Schwarzen, die Konservativen in der CVP. Die Aufgeschlosseneren mit christlichsozialer Schlagseite sind die Gelben. Der Unterschied? Alle vier Jahre finden sie zueinander. Bei den Wahlen. Der Einfachheit halber bleibe ich bei den Schwarzen.

Die CVP regiert im Wallis, seit es diesen Kanton gibt.

Jede Partei, die zu lange faktisch die Alleinmacht ausübt, ist gefährdet. Gefördert vom Filz, von Vitamin B, von Korruption. Wer lesen und wissen will, wer in der CVP wen mag und wen bekämpft, erfährt das alle zwei Monate in der ‹Roten Anneliese›. Sie ist für schwarze Politiker der Beichtstuhl. Nur dass die Redaktion nicht ans Beichtgeheimnis gebunden ist. Weil die Schwarzen kein anderes Ventil haben, sind sie froh über die ‹Rote Anneliese›. Die wiederum lebt gut von den Schwarzen.

Die KO-Leute um ihren Anführer überholten die SP auf der linken Spur. Peter Bodenmann ist eine ungewöhnliche politische Begabung. Zum Entsetzen der Schwarzen war er für das Kritische Oberwallis in die Exekutive von Brig gewählt worden. Damit war im schwarzen Altersheim der Teufel los. Gefragt war Schadensbegrenzung. Die aufgescheuchten Machthaber überliessen dem jungen ‹Kollegen› die Kehrichtabfuhr und das Friedhofamt. Dort werde er politisch verhungern, freuten sie sich.

Wie sagt man so schön? Aus der Not eine Tugend machen. Bodenmann blieb in seinem Miniressort genügend Zeit, die Dossiers aller anderen Gemeinderäte zu studieren. An den Sitzungen redete er ihnen gut dokumentiert drein. So wie Christoph Blocher im Bundesrat.

Die schwarze Mehrheit glaubte, aus der Erfahrung gelernt zu haben. Nun versetzten sie den lästigen Roten ins Baudepartement. Das galt als schwierigster und undankbarster Aufgabenbereich. Nicht für Bodenmann.

In diesem Departement regierte seit Urzeiten immer ein Schwarzer. Peter Bodenmann erkannte seine Chance. Er räumte mit dem CVP-Filz auf. Zu lange hatten immer nur die gleichen Handwerker und Baufirmen die Aufträge der Stadt Brig ausgeführt. Bodenmann schrieb Wettbewerbe aus, verlangte Konkurrenzofferten, machte die Auftragsvergabe zu einem öffentlichen Thema. Es bekamen Firmen Aufträge, die nie mehr damit gerechnet hatten.

Solches spricht sich in einer kleinen Stadt herum. Bodenmann sammelte politische Punkte. Und für die CVP bestätigte sich eine alte Wahrheit: Jedes Regime wird mal zum Ancien Regime.

Dem Kritischen Oberwallis wurde das Aktionsfeld zu klein. Bodenmann sah als Stratege keine Perspektive mehr, Lokalpolitiker zu bleiben. Ihn zog es auf die nationale Bühne. Dafür brauchte er die SP. Zumal beide Seiten übereingekommen waren, es sei im ‹schwarzen Erdteil Oberwallis› ein Luxus, zwei linke Parteien zu haben. So beschlossen sie zu fusionieren. Die SP übernahm das Kritische Oberwallis. Dem Namen nach wenigstens. Bodemann und seine Crew brachten Leben in die müde SP zurück.

1987 wurde Peter Bodenmann in den Nationalrat gewählt. Nach dem legendären Karl Dellberg schickte das Oberwallis wieder einen SP-Mann ins Bundeshaus. Und was für einen. Drei Jahre später wurde Peter Bodenmann vom Parteitag als Parteipräsident gewählt. Er war mein Wunschkandidat.

Der neue Präsident holte die SP auf die Erfolgsspur zurück. 1987 nämlich hatten wir einen herben Rückschlag erlitten.

Für die Wahlen 1995 wartete Bodenmann mit einem schlauen Schachzug auf. Bundesrat Otto Stich sollte ganz kurz vor dem Wahltag zurücktreten, statt, wie vorgesehen, erst nach den Wahlen. So geschah es auch.

Die Bürgerlichen tobten vor Wut. Die Medien kümmerten sich nur noch um den Stich-Nachfolger. Für ihre Wahlpropoganda interessierte sich ‹keine Sau›. Das Medienthema Nummer eins hiess SP. Vom Montag bis zum Sonntag, vom Rücktritt bis zum Wahltag. So viel Geld für politische Werbung hätte die SP nie aufgebracht.

Die Kandidatenkür für Stichs Nachfolge lieferte jede Menge Stoff. Es stiegen vier Kandidaten ins Rennen. Den Final bestritten dann Ständerat Otto Piller und Nationalrat Moritz Leuenberger. Bodenmanns Favorit war der Freiburger Standesherr Otto Piller. Gewählt wurde der Zürcher Moritz Leuenberger. Bodenmann hat ihm das nie verziehen.

Der Walliser schied 1997 aus der Politik aus. Leider. Seither ist er Hotelier. Was, Hotelier? Er ist der grösste in Brig. Mit 220 Betten. Zu wirklich günstigen Preisen. Ob Sie allein kommen oder ein ganzer Car Unterkunft sucht, alle bezahlen gleich viel oder gleich wenig. «Ich habe als Einzelgast lange genug das Gefühl gehabt, der letzte Idiot zu sein, der noch den vollen Preis bezahlt.»

Bodenmann bleibt im politischen Geschäft. Nun im Nebenamt. Er schreibt Kolumnen im ‹Blick› und in der ‹Weltwoche›. Und wird immer wieder von Medienleuten kontaktiert. Für Bundesrat Moritz Leuenberger hat er kaum ein gutes Wort übrig. Genau genommen keines. Was hat er ihm nicht schon alles um die Ohren gehauen. Leuenberger ist für ihn kein Politiker. Eher ein philosophisch begabter Schöngeist. Ein Nicht-Problemlöser. Als Umweltminister eine mittlere Katastrophe, als Verkehrsminister ständig im Stau und als Energieminister eine absolute Katastrophe.

So viel Verriss und Häme hat noch kein Bundesrat von einem alt Präsidenten aushalten müssen. Da steckt natürlich auch Selbstgerechtigkeit, Unversöhnlichkeit und Ungeduld dahinter. Plus die Walliser Mentalität.

Peter Bodenmann durchlief die politische Walliser Boxschule. Der Linke bekam die Rechte zu spüren. Als Sohn eines CVP-Politikers galt er vielen als Verräter. Daraus entstehen die schlimmsten Feindschaften. Wie Familienkräche. Man zahlte es dem Überläufer zurück. Wo, wie und wann immer möglich.

Andere wären wohl k.o. gegangen. Bodenmann wehrte sich. Die Rechten lernten seine Linke fürchten. Er war ihr Angstgegner geworden. Sie sind froh, dass er sich nun nicht nur mit Politik, sondern mit seinem Hotel beschäftigt. Aus bitterer Erfahrung wissen sie, er kann unerbittlich sein. Schliesslich haben sie, die Schwarzen, ihm das beigebracht.

Mich hat immer interessiert, was einen Menschen geprägt hat.

Erziehung, Elternhaus, Schule, Armee, Gesellschaft, die Liebe oder was?

Im Hotel ‹Panorama› Feusisberg, dort, wo sich die Fussball-Nationalmannschaft vor einem Länderspiel mental aufrüstet, erlebte ich einen Bodenmann in Hochform. Wie er leibt und lebt.

Die Militärkommission des Nationalrats hielt dort eine zweitägige Sitzung ab. Eine so genannte Auswärtssitzung. Über 90 Prozent aller Sitzungen finden in Bern statt. Feusisberg ist nachts fast unsichtbar. Also blieben wir im Hotel beim Nachtessen zusammen. Oft sind die Gespräche nach der Sitzung ergiebiger als an der Sitzung. Nicht so diesmal.

An unserem Tisch sassen mit Bodenmann und mir noch fünf Bürgerliche. Plus Hans-Ulrich Ernst, Generalsekretär des Militärdepartements und Direktor der Eidgenössischen Militärverwaltung. Ernst war in dieser Firma der starke Mann, die Konstante. Unter ihm tauschten sechs Bundesräte im Departement die Plätze. Sie kamen und gingen, blieben im Durchschnitt kaum vier Jahre. Jeder neue Chef war auf Ernst angewiesen. So wird einer zur grauen Eminenz. Zur unentbehrlichen Stütze jedes Chefs.

Die Diskussion plätscherte zwischen Suppe und Hauptgang normal dahin. Dann fiel das Stichwort ‹Walliser Bote› und sein Chefredaktor Luzius Theler. Der musste vor Militärgericht antreten. Und bekam 45 Tage Gefängnis bedingt aufgebrummt. Was war passiert?

Der ‹Walliser Bote› hatte berichtet, im Goms baue die Armee ein Ausbildungszentrum. Es herrschte damals – das zum besseren Verständnis – noch Kalter Krieg. Der hinterste Bunker unterlag der Geheimhaltung und durfte nicht fotografiert werden. Der potenzielle Feind in Moskau hätte sonst davon erfahren können. Ein ganzes Ausbildungszentrum zu verraten, musste deshalb bestraft werden.

Peter Bodenmann hatte sich mit dem Chefredaktor solidarisiert und in der ‹Roten Anneliese› ebenfalls von diesem Ausbildungszentrum berichtet.

Damit geriet er automatisch in das Räderwerk der Militärjustiz. Als er in den Nationalrat gewählt wurde, bekamen die Schnüffler vom Dienst ‹Schiss›. Sie stellten das Verfahren gegen Bodenmann ein.

Das war das Gesprächsthema am Tisch.

Und Bodenmann beschuldigte hier Hans-Ulrich Ernst, das Ganze mit seinen Juristen angezettelt zu haben. Ernst dagegen wehrte sich, er habe mit der Sache nichts zu tun gehabt. Cool teilte ihm Bodenmann aus, er sei ein Spitzbub, ein Feigling.

Am Tisch kehrte lähmende Stille ein. Für die bürgerlichen Kollegen war Bodenmanns Verhalten von unfassbarer Unverfrorenheit. Sie trauten ihren Ohren nicht. Aber der Streit setzte sich fort. Ernst beteuerte immer wieder seine Unschuld, Bodenmann konterte, er sei und bleibe ein Spitzbub.

Am Morgen fuhr ich im Lift mit Hans-Ulrich Ernst allein zum Frühstück: «Was hat Bodenmann gegen mich? Ich habe die ganze Nacht nicht geschlafen», klagte er. Womit P. B. ja erreicht hat, was er wollte, dachte ich.

«Du kennst halt das Wallis nicht», gab Bodenmann zurück, als man ihn gefragt hatte, woher er diese mentale Härte habe. Das stimmt. Wie das nächste Beispiel unterstreicht.

Paul Schmidhalter erzählte mir seine Brutalostory. Als CVP-Nationalrat hatte er 1992/93 den Nationalrat präsidiert. In Brig führte Schmidhalter mit zwei Partnern ein Ingenieurbüro.

Die Autobahnroute führte im Wallis zu einem Jahrzehntekrach. Umstritten blieb die Umfahrung von Visp und, so glaube ich, auch die von Brig. In einer solchen Situation wird eine Einigung zwischen den verschiedenen Alternativen ver- und gesucht. Nicht im Wallis. Paul Schmidhalter hatte von diesem Umfahrungshickhack genug. Er suchte mit der ‹anderen Seite› die Verständigung. Das hätte er nicht tun sollen.

Beim üblichen Neujahrsempfang auf dem Ingenieurbüro spürte Paul Schmidhalter, dass etwas nicht stimmte. Kein Mensch grüsste ihn. Niemand redete mit ihm. Alle wichen ihm aus. Dann erst merkte er, seine Partner hatten ihn rausgeschmissen. Er stand als Ingenieur plötzlich auf der Strasse. Das im vorgerückten Alter. Schmidhalter musste wieder ganz klein von vorne anfangen. «Walliser können brutal sein», meinte er lächelnd. Aber er war ein gebrochener Mann.

Solche Geschichten fallen mir ein, wenn der Hotelier in Brig Bundesrat Leuenberger wieder mal in die Pfanne haut.

Franco Cavalli ist Ende Mai 2007 aus dem Nationalrat zurückgetreten. Mit verbalem Getöse. Die SP sei eine «bequeme Partei von Funktionären geworden», so sein Abschiedgruss. Grundsätzliche würde nicht mehr diskutiert, das ein weiterer Vorwurf.

Franco Cavalli ist als Arzt eine international renommierte Kapazität im Kampf gegen Krebs. Dass er sich noch Zeit für die Politik nahm, verschaffte ihm im Bundeshaus allgemeinen Respekt.

Der Linke aus dem Tessin sagte sich stets: Wo alle einstimmig singen, ist der Text ohne Bedeutung.

Also getraute er sich fast im Alleingang zu fordern, die SP habe im Bundesrat nichts verloren. Sie müsse gegen diesen bürgerlichen Staat in die Opposition gehen. Das war und ist seine ehrliche Meinung. Für mich ein Irrtum aus Überzeugung.

Was aber hat der grosse US-Politiker, der Demokrat William Fulbright, mal gesagt: «In einer Demokratie ist eine abweichende Meinung ein Akt des Vertrauens.» Das sollten wir denen, die wir nicht mögen, zugute halten.

Franco Cavalli hat nicht einfach gestänkert. Er trat von der politischen Bühne wie ein enttäuschter Liebhaber ab. Der Mann ist es wert, nachzufragen: Warum?

Celio zog Risotto der Stehparty vor

Nationalrat Nello Celio war ein Politiker der Wirtschaft und Hochfinanz. Mit 67 Verwaltungsratsmandaten. In Lugano führte er mit dem Partner Brenno Galli, auch er FDP-Nationalrat, eine Anwaltskanzlei. Brenno Galli präsidierte den Verwaltungsrat der Schweizerischen Nationalbank.

Das Powerduo Celio-Galli genoss auch im Ausland hohen Kredit. Allerdings nur bei den Reichen. Bei denen, die sich als Steuerflüchtlinge in die Schweiz absetzen wollten. Da waren die Dienste der beiden unbezahlbar.

Es begann mit Helmut Horten. Der Deutsche verkaufte seine Warenhauskette für viel Geld. Superreiche bezahlen speziell ungern Steuern. Horten hatte den Tipp bekommen, sich ans Büro Celio-Galli zu wenden. Da war er an die richtige Adresse geraten.

Um es kurz zu machen: Horten zügelte von Düsseldorf nach Croglio im Tessin. Die Kulisse faszinierte ihn: fast immer blauer Himmel und Sonne, nie Nebel. Und dann das fantastisch milde Steuerklima. Der Milliardär zahlte an die Gemeinde Croglio und den Kanton Tessin verglichen mit der Steuerlast in Deutschland ein Trinkgeld. Besteuert wird das Haushaltbudget, die Ausgaben für die Lebenshaltung. Dafür gibt es eine Faustregel. Das Einkommen des Steuerflüchtlings soll mindestens den fünffachen Mietwert der Liegenschaft betragen. Der Milliardär Horten zahlte an die Gemeinde Croglio 500 000 Franken im Jahr. Die sagte sich: Lieber das als nichts.

Helmut Horten war der Prototyp. Heute leben ein paar tausend reiche Steuerflüchtlinge in der Schweiz. Der berühmteste vielleicht ist der Formel-1-Rennfahrer Michael Schumacher. Alle nach dem ‹Modell› Horten.

Der Billigsteuertarif ist nicht etwa illegal, sondern gesetzliche helvetische Wirklichkeit. Für vermögende Ausländer gibt es den Discountsteuertarif. Einzige Auflage: Sie sollen ihre Millionen nicht in der Schweiz verdienen. Das war für Schumacher immer problemlos. Es gibt bei uns keine Formel-1-Rennstrecken. Die Horten und wie sie seither alle heissen lassen sich deshalb erst im vorgerückten Alter hier nieder.

Ausgerechnet Nello Celio, dieser Reichen-Tröster, wollte Bundesrat werden. Das heisst, wurde von der FDP-Fraktion als Kandidat nominiert.

«Den können wir niemals unterstützen», drohten die Genossen recht geschlossen.

Bis uns Walther Bringolf eine Lehrstunde in politischer Taktik erteilte.

«Wen wählen wir?», fragte er. «Einen Freisinnigen.» So weit konnten wir ihm folgen.

«Ein Freisinniger ist nun mal ein Mann aus der Wirtschaft», belehrte er uns. «Und der politisiert meistens vom rechten Flügel aus. Hättet ihr lieber einen halben Freisinnigen, einen so genannten ‹linken›? Wenn wir, die SP, einen Bundesratskandidaten aufstellen, wollt ihr dann auch nur einen halben Sozialdemokraten? Einen ‹bürgerlichen›? Nein, das wollt ihr nicht. Den gleichen Anspruch hat die FDP.»

Solche Auftritte gehören zu den politischen Galavorstellungen. Sie bleiben unvergesslich. Walther Bringolf fasste zusammen:

«Meine Erfahrung zeigt, dass ein so genannt linker Bürgerlicher im Bundesrat nach rechts rutscht. Warum? Er muss ständig beweisen, das er ein richtiger Bürgerlicher ist. Der Rechtsfreisinnige hingegen hat keine Legitimationsprobleme. Er gerät nicht in den Verdacht, ein Linker zu sein. Deshalb wird Nello Celio im Bundesrat in die Mitte rücken.»

Nello Celio wurde gewählt. Auch mit Stimmen von Sozialdemokraten. Natürlich nicht von allen. Und sein Gastspiel im Bundeshaus bescherte uns gelegentlich erstaunliche Auftritte.

Celio bekam das Militärdepartement zugeteilt. Ein anderes war nicht frei gewesen. Fast immer muss ein Neuer dort anfangen. Um es bei der erstbesten Gelegenheit zu verlassen. Sein Wunschdepartement ist es nie geworden. «Meinst du, ich sei von Lugano nach Bern gekommen, um mich in diesem Departement jeden Tag grün und blau zu ärgern?» Das hat er mir mal anvertraut, als ich mich bei ihm über die Militärjustiz beschwert hatte.

Korpskommandant Züblin löste eine öffentliche Debatte darüber aus, ob die Armee nicht von einem General kommandiert werden sollte. Züblin nannte ihn Friedensgeneral.

Es gehört zu den demokratischen Gepflogenheiten, in Friedenszeiten eben gerade keinen General zu haben. Ein solcher wird erst beim militärischen Ernstfall gewählt. Und zwar von der Bundesversammlung. Zuletzt waren das Ulrich Wille im Ersten, Henri Guisan im Zweiten Weltkrieg.

Celio machte dem Spuk ein rasches Ende. Er befahl alle sieben Korpskommandanten zum Rapport: «Meine Herren, es ist seit einiger Zeit die öffentliche Rede von einem Friedensgeneral. Der Friedensgeneral bin ich, Vorsteher des Eidgenössischen Militärdepartements. Die Diskussion ist geschlossen.»

Woher ich das weiss? Von Celio persönlich. Er erzählte es mit dem reinsten Vergnügen.

Bundesrat Celio verspürte keine Lust, sich von den Generälen herumkommandieren zu lassen. Im Gegensatz zu den meisten Vorgängern und Nachfolgern war er wirklich der Chef im EMD. Das zeichnet einen Mann der Wirtschaft aus: Er spielt ungern eine subalterne Rolle.

Als ich 1967 im ‹Fall Florida› wegen Geheimnisverrat in den Fängen der Militärjustiz landete und erst nach langem Hin und Her freigesprochen wurde, tröstete mich Celio: «Weisst du, im Zweifelsfall haut ein Beamter einfach einen Stempel auf ein Dokument: ‹nur für dienstlichen Gebrauch›, ‹vertraulich›, ‹geheim› oder ‹streng geheim›. Das ist in 85 Prozent aller Fälle reine Willkür. Damit wird nur die Verantwortung an andere abgeschoben.»

Nach drei Jahren wechselte Nello Celio vom Militär- ins Finanzdepartement. Das entsprach natürlich seinen Interessen ideal. Wer etwas ändern möchte, tut das am besten gleich. Da lässt man ihn noch machen. Der schlaue Celio kannte dieses ungeschriebene Gesetz. Also machte er, was die Wirtschaft seit langem gefordert hatte. Er schaffte die Couponsteuer ab. Das war eine Steuer auf Wertpapieren. Folglich nicht gerade eine Belastung des kleinen Mannes. Die schlimmsten Befürchtungen wegen Celio als Finanzminister waren bestätigt worden.

Aber der Tessiner versöhnte uns auch wieder. Bei der Revision des Nationalbankengesetzes.

Die dafür zuständige Kommission tagte drei Tage lang in Valbella. Ich war dabei.

Die Kommissionsberatungen verliefen harzig. Bürgerliche Vertreter verwechselten die Nationalbank mit einer Privatbank. Das ziemlich schamlos. Celio platzte der Kragen. Er holte zu einer Standpauke aus:

«Meine Damen und Herren, Sie wissen, woher ich komme. Von der Wirtschaft. Ich habe sämtliche Verwaltungsratsmandate niederlegen müssen. Denn jetzt bin ich Bundesrat. Den vertrete ich hier. Wir machen ein Gesetz für die Nationalbank, nicht für eine private Bank. Es geht um Allgemeininteressen, um die des Landes konkret. Sie haben sich in den Nationalrat wählen lassen. Sie sind auf die Verfassung vereidigt worden, zum Wohle von Land und

Volk zu entscheiden. Was in dieser Kommission bürgerliche Freunde zum Teil bieten, ist das genaue Gegenteil. Ich muss alle bitten, mitzuhelfen, damit das Nationalbankgesetz dem entspricht, worauf Sie sich verpflichtet haben.»

Natürlich fiel mir in diesem Moment Walther Bringolf ein, der uns in der Fraktion erklärt hatte, bei einem Rechtsfreisinnigen bestehe die reale Chance, dass er sich in die Mitte verschiebe. Das hatte ich in Valbella bestätigt bekommen.

Nello Celio schloss seine fulminante Rede damit, er werde nach seinem Rücktritt aus dem Bundesrat wieder in die Wirtschaft zurückkehren. Um zu wiederholen, jetzt sei er Bundesrat. Als solcher habe er eine andere Aufgabe.

Es war eindrücklich mitzuerleben, wie der freisinnige Finanzminister bürgerlichen Kommissionsmitgliedern die Leviten las. Der einstige Fluchthelfer für Steuerflüchtlinge nun als Anwalt der Allgemeininteressen? Das war gewöhnungsbedürftig.

Hatte Winston Churchill, der berühmte britische Premierminister im Zweiten Weltkrieg, also doch Recht? Gauner seien, so Churchill, später die besten Politiker?

Den Freisinnigen im Bundeshaus begann ihr Finanzminister unvertraut zu werden. Er ging fremd. Er tat nicht mehr, was sie von ihm eigentlich erwartet hätten. Nun liess er sogar die Armee rechts liegen.

Wie immer, wenn es um teure Waffensysteme geht, war es für die Militärs noch lange nicht teuer genug. Diesmal ging es um neue Kampfflugzeuge. Natürlich eines aus den USA, natürlich wie immer das Beste vom Besten, lies das Teuerste. Den Fliegern genügte selbst ein BMW nicht, es musste ein Rolls Royce sein. Finanzminister Celio lehnte die Beschaffung einer Serie ‹Corsair›-Kampfflugzeuge aus finanziellen Gründen ab. Damit war für viele in seiner Fraktion der Zapfen ab. Wenn eine Partei in ständiger geistiger Achtungsstellung jedem Rüstungskredit zugestimmt hatte, dann die FDP. Das Abweichen ihres Bundesrates traf sie hart.

Es kam noch schöner. Aus freisinniger Sicht: noch schlimmer. FDP-Nationalrat Henri Schmidt aus Genf stand schon lange im Verdacht, für die arabische Finanzmafia juristische Handlangerdienste zu leisten. Das hatte ihn bereits die Bundesratskandidatur gekostet. Womit unterstrichen sei, Henri Schmidt zählte zu den welschen Schwergewichten.

Celio lancierte im Nationalrat eine scharfe Attacke gegen die Araber in Genf. Eingeweihte wussten, wen er damit auch noch gemeint hatte. Mit Besorgnis verfolgten Freisinnige, wie ihr einstiger Hoffnungsträger vom richtigen Parteikurs abkam. Wie heisst es: «Wer gradlinig ist, weicht fast immer von der Parteilinie ab.»

Celio fiel bei der FDP regelrecht in Ungnade. Die Wirtschaftspartei mochte nicht hinnehmen, dass ihr früherer Wirtschaftsvertreter die Wohlfahrt unserer Gesellschaft anders interpretierte als ihre parteipolitischen Ideologen. Die sich immer noch auf dem Trip von ‹weniger Staat – mehr Freiheit› befanden. Der Rechtsfreisinnige aus dem Tessin störte den Gottesdienst.

Aus solchen Anfängen der Selbstverstümmelung ihres eigenen Staates erklären sich die Schwierigkeiten der FDP, ihre Wahlverluste, ihre geistige Übernahme durch die Blocher-SVP.

Celio besass sein gemütliches Naturell. Bei der Stehparty auf der Botschaft der Sowjetunion lud er Linke und Rechte zu sich nach Hause ein. Zum Risotto. «Ich koche euch einen richtigen Risotto, mit Rotwein. Hier zu bleiben hat keinen Sinn. In der linken Hand halte ich die Zigarette, in der rechten das Glas. Ich kann nicht einmal jemanden anständig begrüssen. Gehen wir.»

Mut zum Verzicht

Thun ist eine Militärstadt. Irrtum. Thun war eine Garnisonsstadt. Wirtschaft und Gesellschaft waren vom Militär dominiert. Der grosse Waffenplatz mit den vielen Militärbetrieben schaffte Arbeit. Halb Thun lebte davon.

Wann immer ich einen Rüstungskredit abgelehnt hatte, bekam ich Post aus Thun. Ohne Armee, hiess es meistens, könne Thun nicht leben. 4,25 Milliarden Franken Kredit für 420 Leopard-Panzer bringe Aufträge. In Thun fände für die im Lizenzverfahren in der Schweiz gebastelten Panzer die Endmontage statt. Wer, wie ich, diese Panzer ablehne, vernichte Arbeitsplätze.

Das Gleiche mit der US-Panzerhaubitze M-109. Immer erklärten die Generäle, das sei nun der Kredit für die letzte Serie. Drei Jahre später wiederholte sich das Szenario. Dann wieder. So lange, bis die Schweiz nach den USA die grösste Panzerhaubitzenflotte der Welt hatte. Man stelle sich das einmal vor. Und immer verlangten die Genossen aus Thun, ich müsse als Sozialdemokrat dem neuen Kredit zustimmen. Es gehe doch um Arbeitsplätze. Das sei ja eine klassische Forderung der SP. Wie reagiert man da als SP-Präsident?

Wie Hansueli von Allmen.

Den kennen Sie nicht? Moment, das holen wir nach.

Im November 1989 stimmten wir über die Initiative ‹Schweiz ohne Armee› ab. Die meisten Thuner brauchten keinen politischen Nachhilfeunterricht. Sie lehnten die Abschaffung der Armee ab. Nicht so SP-Gemeinderat Hansueli von Allmen. Er stand öffentlich zu seinem Ja.

«Von Allmen ist verrückt», sagte mir damals ein Thuner. «Und der will mal Stadtpräsident werden. Das kann er sich abschminken.» Ein Thuner Politiker, der Ja zu einer Schweiz ohne Armee sagte, musste entweder lebensmüde oder übermütig sein. Oder nicht alle Tassen im Schrank haben. In Thun war es doch ungeschriebenes Gesetz, dass wer politisch etwas werde wolle, in der militärischen Viererkolonne mitmarschieren müsse. Sonst riskiere er seine Karriere. Genau das notierten sie dem Hansueli von Allmen ins Stammbuch.

Einige Jahre danach trat der bisherige Stadtpräsident Ernst Eggenberg zurück. Hansueli von Allmen kandidierte für die SP. Die Partei hatte sich vom Schock erholt und ihn gleichwohl nominiert. Weil sie keinen Besseren fand.

Zur Überraschung vieler wurde von Allmen gewählt. Seither ist er Stadtpräsident. Zwar nahmen ihm viele Thuner das Ja zur Schweiz ohne Armee übel. Oder doch nicht? Sagten sie sich, wer derart gegen den Strom schwimme, müsse eine ungeheure Glaubwürdigkeit haben? Der werde auch in schwierigen Zeiten zu seinem Wort stehen. Auf ihn sei Verlass. Die Mutprobe von 1989 hat sich vermutlich nachträglich ausgezahlt.

Die Militärs haben sich von ihrem Sieg vom November 1989 bis heute nie mehr erholt. Seit 1989 ist von der Armee noch ein Viertel übrig geblieben. 1989 zählte sie über 800 000 Mann. 2007 sind es noch 200 000. Die Reservisten mitgezählt.

Das Ende des Kalten Krieges zwischen der Sowjetunion und den USA mit ihren Verbündeten hat der Schweizer Armee hart zugesetzt. Es gibt keinen Feind mehr. Die Schweiz ist von befreundeten Staaten umzingelt. Ohne Feind jedoch ist eine Armee verloren.

Der Truppenabbau brachte der Thuner Wirtschaft und Stadtpräsident von Allmen Arbeitsplatzverluste. Die Armee beschäftigt viel weniger Leute als früher. Thun musste sich ökonomisch, gesellschaftspolitisch und auf dem Arbeitsmarkt neu ausrichten. Die

Erfolge sind ermutigend. Die Stadt ist heute wirtschaftlich breit abgestützt. Sie hat, wie man im Fachjargon sagt, diversifiziert. Statt fast nur Militärbetriebe beschäftigen nun zivile Firmen aller Art Personal. Ein Beispiel.

In der früheren Panzerhalle hat sich der Technische Überwachungsverein (TUeV) Deutschland niedergelassen. Der TUeV ist in Deutschland legendär. Von ihm geprüfte Geräte, Maschinen, Anlagen, Autos bürgen für absolute Qualität.

Thun steht nicht mehr nur auf dem rechten Militärbein.

Das ist nicht das ausschliessliche Verdienst des Stadtpräsidenten mit seinem Team. Aber beteiligt daran ist von Allmen schon. Ihm ist es gelungen, ein günstiges Investitionsklima zu schaffen. Das ist nur möglich, wenn alle am gleichen Strick ziehen und sich nicht politische Grabenkämpfe liefern. Wenn die ausbleiben, geht das massgeblich auf das Konto des Vorsitzenden.

Hansueli von Allmen ist der Typ Politiker, mit dem es schwer sein muss, Streit zu bekommen. Sein Gesicht strahlt Gemütlichkeit, Vertrauen, Sicherheit aus. Ihm würde man ohne Bedenken ein Occasionsauto abkaufen.

Von Allmen hat das Gespür für die passenden Leute am richtigen Platz.

Der politisch verantwortliche Polizeichef z. B. war bis Mitte 2006 auch noch Pfarrer. Halb Polizeichef, halb Seelsorger – eine eher ungewöhnliche Mischung. Sie passte für Thun wie ein Massanzug.

Als ich vor Jahren in Thun die 1.-Mai-Rede hielt, marschierte im Demonstrationszug zuvorderst der Polizeikommandant. Mit roter Fahne! Man stelle sich das in St. Gallen oder Frauenfeld vor.

Ich habe als SP-Präsident auf meiner politischen Tour de Suisse etliche Überraschungen erlebt. Der Polizeikommandant am 1. Mai als Fähnrich war eine Premiere.

So wie mein erster Auftritt an einem Parteitag der SP Neuchâtel, wo ich mich an eine neue Farbenlehre gewöhnen musste. In diesem Kanton ist die SP die ‹parti bleu›. Die Roten sind die Freisinnigen.

Auch im Klosterdorf Einsiedeln gibt es eine SP-Sektion. Eine solche hätte ich dort zuletzt vermutet. Mich interessierte, wer denn in diesem katholischsten aller katholischen Dörfer links wähle. «Psst, nicht so viel fragen», meinte der Sektionspräsident. «Wir haben einen schönen ‹Verdacht›.» Ich hatte verstanden. Er wollte nicht aus der Schule plaudern. Beichtgeheimnis.

Vor zwölf Jahren gastierte ich für eine Lesung in Widnau. Das liegt im St. Gallischen Rheintal und ist politisch schwarz wie die Nacht. Die Gemeindebibliothekarin getraute sich, zum ersten Mal einen Roten einzuladen. Der Gemeinderat war denn auch vollzählig erschienen. Um nötigenfalls, wenn etwas Dummes passieren sollte, einschreiten zu können. Meine Lesung mutierte zur reinsten Raubtierschau.

Die kleine Schweiz ist halt ein ‹bunter Hund›. Der linke Thuner Pfarrer-Polizeichef und sein roter Kommandant passen zum Bild.

Ein Thuner Stadtpräsident gehöre fast von Berufes wegen in den Nationalrat. Meinten zumindest seine unmittelbaren Vorgänger. Zwei leisteten sich den Doppeljob. Um dem Vorwurf zu entgehen, er sei nur eine halbe politische Portion, kandidierte von Allmen 1995 auf der SP-Liste. Und wurde gewählt. Klar, ein Stadtpräsident sammelt weit ins andere Lager hinein Zusatzstimmen.

Normalerweise hätte Hansueli von Allmen stolz und zufrieden sein müssen. Stadtpräsident und Nationalrat, da schaut selbst ein Regierungsrat in die Röhre. Und das sind doch in diesem Kanton die politischen Halbgötter.

Aber Nationalrat von Allmen fühlte sich bald einmal nicht mehr wohl auf dem neuen Stuhl.

Zwischen Thun und Bern liegen lediglich 18 Bahnminuten. Das Problem lag anderswo. Er sei im Nationalrat, meinte von Allmen, so etwas wie die ideale Fehlbesetzung. Eigentlich gehöre er ins Thuner Rathaus. Die Arbeit hier im Nationalrat mache ein anderer besser. Diese Erkenntnis festigte sich zusehends. Vier Jahre später zog er den Schlussstrich. Von Allmen kandidierte kein zweites Mal. Der Nationalrat blieb für ihn nicht mehr als eine Episode.

Wo andere stolz sind, den Nationalratstitel auf der Visitenkarte aufführen zu dürfen, zog von Allmen seine Bilanz nach eigenen Kriterien. Der Nationalrat zahlte sich für ihn nicht aus. Das ist nicht finanziell, sondern politisch gemeint. Er wolle lieber ein ganzer Stadtpräsident bleiben, statt ein halber Nationalrat zu werden, so seine Überzeugung. Seine Redlichkeit und Bescheidenheit erlaubten es ihm, sich ohne Tränen vom Bundeshaus zu verabschieden. Vermutlich kehrte er sogar erleichtert nach Thun zurück.

Sich selber richtig einschätzen zu können, ist eine keineswegs selbstverständliche Eigenschaft. Das Gegenteil ist häufiger. Nicht nur in der Politik, auch in der Wirtschaft beispielsweise. Zu viele Männer überschätzen sich. Frauen eindeutig weniger.

Hansueli von Allmen tankt seine Lust am Politisieren aus einem Hobby, das Sie niemals erraten würden. Mit anderen Worten, er braucht neben der Politik eine Abwechslung, die ihm richtig Freude bereitet. Der Thuner Stadtpräsident betrieb, lange bevor er ins Rathaus einzog, das umfassendste Archiv für Kabarett, Chanson und Pantomime in der Schweiz.

Die einen sammeln Briefmarken. Dieses Hobby ist etwas aus der Mode gekommen. Andere sammeln, ach, Sie wissen Bescheid. Es gibt fast nichts, was nicht gesammelt wird. Mein Schwager hat in seiner Wohnung ein paar hundert kleinste, kleine, grössere, grosse Enten in allen nur denkbaren Kunstformen. Hermine dasselbe mit Fröschen. Aber nur einer kam auf die Idee, den Nachlass von Kabarettisten zu archivieren: Hansueli von Allmen.

Kabarett ist eine spezielle Kunstsparte. Geprägt von Witz, Kritik, Satire, Ironie. Um diese Kunst geniessen und verstehen zu können, braucht es die innere Bereitschaft dazu. Das politische Interesse. Das Flair für schwarzen Humor.

Von Allmen hat seine Liebhaberei auch für seine Stadt genutzt. Thun ist das Zentrum für Schweizer Kleinkunst geworden. Dort findet alljährlich die Schweizer Künstlerbörse statt. Der Kabarettist und Schauspieler Joachim Rittmeyer z. B. hat den Schweizer Kleinkunst-Preis 2007 bekommen. Mummenschanz den Ehrenpreis. Der Stadtpräsident ist bei solchen Veranstaltungen stets dabei. Deshalb wohl hatte er keine Zeit für den Nationalrat mehr. Es gibt für ihn Wichtigeres.

Ich kenne Politiker, und zwar nicht wenige, die ständig im Stress sind. Im Stress sein wollen. Oder müssen. Sie leiden gerne an der ach so hohen Verantwortung. Und meinen Wichtigtuerei. Sie vergleichen sich mit Hochleistungssportlern. Statt Doping treibt diese Politiker der Ehrgeiz. Statt genügend zu schlafen, schlucken sie Pillen. Statt sich daheim mal auszuruhen, laufen sie wie im Hamsterrad ständig im Kreis herum. Es sind die ewig betriebsamen Politiker, nicht die leistungsfähigen.

Hansueli von Allmen ist von all dem das pure Gegenteil. Er muss sich nichts vormachen. Er nimmt sich selber so unwichtig wie nur möglich. Dass er das bedeutendste Archiv für Chansons, Pantomime und Kabarett führt, vernahm ich rein zufällig. Nach vielen Jahren persönlicher Bekanntschaft. Der Mann hat zudem Courage. 1989 mit seinem Ja zur Schweiz ohne Armee. Das in der damaligen Militärstadt Thun. 1993 bewies er den Mut zum Verzicht auf den Nationalrat. Weil das ein anderer besser mache als er. Von Allmen ist für mich einer der glaubwürdigsten Politiker, die ich kenne.

Bonvin und das Furkaloch

An den Walliser Bundesrat Roger Bonvin erinnern sich noch die Älteren. Er war zuerst Verkehrs- und Energieminister, nachher Finanzminister. Vom Naturell her liebenswürdig bis zum Geht-nicht-mehr. Als Politiker ein Leichtgewicht. Bonvin war, wie die Welschen sagen, ein Causeur. Ein Schönredner.

Mit dem Verkehrsminister Bonvin hatte ein neues Zeitalter angefangen. 1958 stimmte das Volk über das Nationalstrassengesetz ab. Über Autobahnen also.

Das Ja fiel überwältigend aus. Die Kosten waren mit 3.5 Milliarden Franken budgetiert worden. Daraus sind mittlerweile gute 75 Milliarden geworden. Die Nordtangente in Basel, 3.2 Kilometer lang, verschlang allein 1.5 Milliarden Franken. Dass der Neat-Tunnel durch den Gotthard den Budgetrahmen sprengt, hat demnach Tradition.

Für Verkehrsminister Bonvin wäre eigentlich der Start in das Autobahnzeitalter die grosse Herausforderung gewesen. War es aber nicht. Er hatte nur einen Wunsch: den Tunnel durch die Furka. Vom Urserental ins Goms im Wallis. Mit der Begründung, für den Tourismus hüben und drüben sei die wintersichere Verbindung existenziell.

Nur wenige gaben dem Furkatunnel eine Chance. Das Vorhaben figurierte in der Kategorie Wunschtraum. Als Spleen von Bonvin. Er aber liess nicht locker. Mit seinem Charme schaffte er schliesslich im National- und Ständerat eine Mehrheit. Der Furkatunnel wurde gebaut. Mit einer wohl einmaligen vier- bis fünffachen Kreditüberschreitung.

Eine Untersuchungskommission des Nationalrats sollte nachher abklären, warum zum Teufel das Furkaloch, wie Bonvins Tunnel respektlos genannt wurde, so viel mehr gekostet hatte.

Wie sagt man: Eine tote Sau kann man nicht mehr impfen. Die Spurensuche nach den Verantwortlichen drehte sich im Kreis. Es war keiner schuld. Ausser Bonvin.

Der machte gute Miene zum bösen Spiel. Er hatte dem Projekt etwas nachgeholfen. Mit Budgetkosmetik. Der Baukredit war so kalkuliert worden, dass im Parlament nichts schief gehen konnte. Mit anderen Worten: Der Tunnel sollte nicht zu viel kosten.

Und Bonvins Rechnung ging auf. Einmal im Bau, konnte niemand mehr zurück. Kostenüberschreitungen werden mit Nachtragskrediten aufgefangen. National- und Ständerat stimmten ihnen mit Hängen und Würgen zu. Sie hatten keine andere Wahl. Einen angefangenen Furkatunnel stillzulegen wäre von allen Varianten die schlechteste gewesen. Bonvin hatte mit einem politisch austarierten Einstiegspreis das Ja für den Baubeginn bekommen und damit einen unabänderlichen Sachzwang geschaffen.

Der Walliser gehörte nicht zu den grossen Bundesräten. Aber schlau, das war er. Wie er ‹seinen› Furkatunnel durchgeboxt hatte, verriet Klasse. Stubenrein war die Sache nicht. Aber was solls? Seit Jahren fahren die Züge nun schon durch den Tunnel und keiner fragt mehr: War da mal was? Die Region ist zufrieden, dass es den Tunnel gibt.

Roger Bonvin war von Beruf dipl.-Ingenieur. Das verleitete ihn zur Annahme, als Energieminister prädestiniert zu sein. Staumauern, Turbinen, Generatoren, das ganze Drum und Dran für Wasserkraftwerke gehörten für ihn zum beruflichen Alltag.

Der Widerstand gegen neue Wasserkraftwerke drängte die Elektrizitätswirtschaft in die Defensive. Der Vorwurf, sie möchte noch den letzten Bach in einen Stausee umleiten, war nicht mehr zu überhören. Es gab in der Schweiz schon ca. 500 Wasserkraftwerke. Kleine und grosse. Damit war die Grenze des Zumutbaren erreicht. Gemeint war: noch unberührte Bäche und Flüsschen nicht auch noch zu ‹kanalisieren›, sondern in ihrem natürlichen Umfeld zu erhalten.

Wie jedoch sollte die Energieversorgung sichergestellt werden? Was gab es für Alternativen? Ins Gespräch kamen thermische Kraftwerke. Mit Öl betriebene also.

Wo immer Standorte genannt wurden, gab es jedoch Opposition. Thermische Kraftwerke wären grausame Luftverschmutzer gewesen.

Das war die Stunde der Atomlobby. Sie bot als Ersatz für Wasserkraftwerke die ‹saubere Kernenergie› an. In den Fünfzigerjahren noch schien sie ein valables Angebot zu sein. Nicht einmal Naturschutzverbände erhoben Einspruch. Noch nie sei in eine Technologie so viel investiert worden wie für die friedliche Nutzung der Atomtechnik. Die Atomlobby brachte Atomkraftwerke mit dem Etikett auf den Markt, damit eine bisher nie erreichte technische Sicherheit gewährleisten zu können. Solche Superlative machten Eindruck.

Doch das änderte sich bald. Spätestens dann, als die Probleme mit der Endlagerung erkannt wurden.

Atomkraftwerke hinterlassen Abfall. In der Fachsprache: Atommüll. Das tönt harmlos. Wie Haushaltmüll. Atommüll jedoch ist hochradioaktives Material. Es muss sicher endgelagert werden. Für eine lange, sehr lange Zeit. Für ungefähr 100 000 Jahre, bestätigen die Fachexperten.

Damit wir zumindest eine Ahnung bekommen, was das heisst, machen wir einen Vergleich. Wir leben im Jahr 2007. Das heisst, 2007 Jahre nach Christi Geburt. Das dünkt uns schon fast eine

Ewigkeit. Um aber auf die 100 000 Jahre Endlagerungszeit zu kommen, dauert das noch 98 093 Jahre. Damit ist unser Vorstellungsvermögen überfordert. Kein Wunder, dass die Endlagerung weltweit immer noch ungelöst ist.

Das Unbehagen über die Atomenergie verstärkte den Widerstand. Lange vor Tschernobyl warnte zum Beispiel der Deutsche Klaus Traube. Zwanzig Jahre hatte er für Siemens Atomkraftwerke gebaut. Zuletzt als Projektleiter. Das machte ihn zum AKW-Gegner. Die Atomtechnik sei zu gefährlich, meinte Traube. Bei einem Unfall gerate sie ausser Kontrolle. Eine Technik, die aus dem Ruder laufe, sei nicht zu verantworten, so der Deutsche.

Natürlich sahen und sehen das die Befürworter bis heute anders. Der Disput um die Atomenergie ist zu einer politischen Glaubensfrage geworden.

Das Schweizervolk war schon zu Bonvins Zeiten gespalten und ist es geblieben.

Um die Akzeptanz von Atomkraftwerken zu erhöhen, glaubte Bonvin an sich selber. Während einer Debatte im Nationalrat meinte er, die ‹Ungläubigen› beruhigen zu müssen: «Atomkraftwerke sind sicher. Ich übernehme dafür die Verantwortung.»

Er hätte beifügen sollen, «wie immer ohne Gewähr».

Bonvin ist längst schon im Himmel. Mit ihm seine Verantwortung. Er war ein Überzeugungstäter.

Roger Bonvin wechselte daraufhin ins Finanzdepartement. Ich gehörte damals der Finanzkommission an. Einen von Kenntnissen dermassen unbeschwerten Finanzminister hat es seither nicht mehr gegeben.

Wenn Bonvin in der Finanzkommission das Budget oder die Rechnung erläuterte, herrschte heitere Unaufmerksamkeit. Kaum jemand hörte zu. Wir wussten alle, er hat nicht viel zu sagen. Sein

Ausflug in die Bundesfinanzen geriet zur amüsanten Plauderstunde. So lustig war es in der Finanzkommission nachher nie mehr.

Über den wirklichen Zustand der Bundesfinanzen, über Fakten und Perspektiven orientierte dann Markus Redli, Direktor der Eidgenössischen Finanzverwaltung. Er war der eigentliche Finanzchef. Auf ihn konnte sich Bonvin verlassen.

Es geht halt nichts über einen guten zweiten Mann.

Gegen aussen fiel Bonvins bescheidene Rolle lediglich den Kennern auf. Die grosse Mehrheit fand ihn einfach sympathisch.

Die vielen Umfragen von heute, wer der beste, beliebteste, populärste oder am modischsten gekleidete Bundesrat ist, gab es damals noch nicht. Bonvin hätte gut abgeschnitten.

Die Wirtschaft lief auf Hochtouren. Das brachte Geld in die Staatskasse. Da fällt immer etwas Glanz auf den Finanzminister. Unangenehmer wird es für ihn nur bei roten Zahlen.

Bonvin war ein Instinktpolitiker. Mit viel Herz und Bauchgefühl. Liebenswürdig und bescheiden. Sozial aufgeschlossen.

Wenn ich den Instinktpolitiker erklären soll, fallen mir die Wettermacher aus dem Muotathal ein.

Sie haben nie Meteorologie studiert. Ihre Wetterprognosen sind dennoch erstaunlich zuverlässig. Es wäre sinnlos, herausfinden zu wollen, wie sie das machen. Vermutlich wüssten sie es nicht einmal selber. Sie können die Natur lesen. Sie beobachten die Tiere, Bäume, Wolken, Pflanzen, den Wind und Regen. Sie spüren das Wetter einfach.

Bonvin verfügte über das politische Gespür. Er war kein guter Finanzminister, aber ein guter Bundesrat. Er bewährte sich als Brückenbauer zwischen links und rechts, fädelte überparteiliche Lösungen ein, fand den Draht zu den Leuten. Seine Herzlichkeit wirkte ansteckend.

Als mein Basler Kollege Andreas Gerwig zum ersten Mal im Bundeshaus einrückte, begegneten wir in der Eingangshalle Bundesrat Bonvin. Ich stellte ihm den neuen Nationalrat vor. Zwei Tage später begrüsste er ihn schon von Weitem mit «Salü, Gerwig».

Der frühere Ingenieur war als Autofahrer eine mittlere Katastrophe. Bonvin fuhr seinen Wagen am liebsten selber. Chauffeur und Dienstwagen hatten nur bei offiziellen Anlässen eine Chance. Aber in Bern war wohl selten ein so verbeulter VW herumgefahren wie der von Bonvin. Mit der Einfahrt in die Garage stand er auf Kriegsfuss. «Er erwischt einfach die Kurve nicht», verriet seine Sekretärin das Manko am Steuer.

Zum Schluss fällt mir zu Bonvin der Witz ein.

Als nach einer Waschmaschinenvorführung der Vertreter zur Hausfrau meinte: «Sagen Sie doch selber, ist dieses Hemd nicht fantastisch weiss?» – «Doch, aber vorher war es bunt.»

Der christlichsoziale Walliser Bundesrat war eine Wundertüte. Nie erlebte ich ihn niedergeschlagen. Auch nicht nach einer Niederlage.

Sein Motto könnte gewesen sein: «Denke nicht so oft an das, was du erreichen könntest, sondern an das, was du hast.»

Arthur Liener – der ‹General› auf dem Töff

«Nein, Herr Bundesrat, der Generalstabschef der Schweizer Armee wird nicht in der Uniform nach Basel gehen, um dort mit der Truppe einen öffentlichen Auftritt zu inszenieren.»

Der so mit seinem Chef, Bundesrat Adolf Ogi, geredet hat, war Generalstabschef Arthur Liener. Er widersprach dem Departementsvorsteher. Das erinnert sehr an Befehlsverweigerung.

Worum ging es?

Im November 1997 wiederholte sich der hundertste Jahrestag des Zionistenkongresses von 1897 in Basel. Theodor Herzl hatte damals die Vision des Staates Israel verkündet. In der Geschichte von Israel spielt deshalb der Kongress von Basel eine historische Rolle. Das verlieh dem Jubiläumskongress einen ganz besonderen Stellenwert.

Erwartet wurden Gäste aus aller Welt. Entsprechend mussten Sicherheitsmassnahmen vorgekehrt werden. Einheiten der Armee sollten die Polizei unterstützen.

Arthur Liener plante diesen Einsatz mit grösster Diskretion. Es sollte möglichst nichts nach aussen dringen. Die Armee stand für den Fall, dass die Polizei allein nicht mehr zurechtgekommen wäre, einsatzbereit auf Pikett. «Wir haben unseren Job dann am besten verrichtet, wenn gar niemand erfahren hat, dass wir da waren», erklärte Arthur Liener dem Bundesrat. Der hätte als Verteidigungsminister in Basel gerne einen publikumswirksamen Auftritt mit den Soldaten gehabt. Genau das konnte der Generalstabschef nicht gebrauchen. Im Interesse der Veranstaltung und ihrer Sicherheit durfte die Präsenz der Armee nicht auffallen. Deshalb weigerte sich Liener, in Uniform aufzutreten. Auch für ihn galt Diskretionspflicht. In dieses Dispositiv passte Ogis Wunsch nach einem Fototermin nicht hinein.

Ich lernte Arthur Liener bei einem ebenfalls ungewöhnlichen Anlass kennen.

In den Achtzigerjahren war der so genannte Bundesratsbunker ins öffentliche Gerede geraten. Dieser Bunker wäre im Kriegsfall für den Bundesrat die letzte Rückzugslinie gewesen, falls das Bundeshaus hätte geräumt werden müssen.

Wo sich der Bundesratsbunker befand, blieb selbstverständlich streng geheim. Die meisten Journalisten kannten aber das Versteck. Wer im Zug von Thun nach Brig sass, sah in Kandersteg einen verdächtig grossen und unbeschrifteten Bauplatz.

Die Diskussion drehte sich um die Kosten, um die Frage auch, ob ein solcher Bunker überhaupt Sinn mache. Eine Ad-hoc-Kommission des Nationalrats wurde beauftragt, das Projekt zu überprüfen und Vorschläge für das weitere Vorgehen zu machen.

Der Bundesrat hatte das Dossier an die Bundeskanzlei abgetreten, in der Kommission vertreten durch den Bundeskanzler. In Deutschland und Österreich ist der Bundeskanzler der Regierungschef. Bei uns nicht. Der Bundeskanzler arbeitet als Stabschef des Bundesrates. Er führt dessen Sekretariat, eben Bundeskanzlei genannt.

Im Fall Bundesratsbunker sicherte sich die Bundeskanzlei militärische Beratung vom Militärdepartement. Das wiederum beauftragte damit Arthur Liener, damals Brigadier und Chef Genie und Festungen.

In der nationalrätlichen Kommission gingen die Meinungen über den Bundesratsbunker auseinander. Wir erfuhren, dass bisher rund 150 Millionen Franken verbaut worden waren. Das Ganze sollte noch einmal so viel kosten. Deshalb war die Streitfrage: Weitermachen oder aufhören?

Bundeskanzler und bürgerliche Kommissionsmitglieder zeigten sich nicht unbedingt begeistert über diesen Bundesratsbunker. Auf halbem Weg aufzuhören und eine Ruine für 150 Millionen Franken zurückzulassen, das hingegen kam für sie auch nicht in Frage. Das kennen wir doch: Wer A sagt, muss auch B sagen.

Für uns von der SP war Nationalrat Elmar Ledergerber, heute Zürcher Stadtpräsident, der Wortführer. Wir wollten aufhören. Wir sahen keinen Sinn mehr, nochmals 150 Millionen Franken zu verlochen. Der Bundesratsbunker schien uns von Anfang an eine Fehlplanung gewesen zu sein.

Dann überraschte in der Kommission Brigadier Arthur Liener.

Ich höre ihn heute noch, als ob er erst gestern gesprochen hätte: «Ich bin dafür, mit dem Bau aufzuhören. Militärisch macht er keinen Sinn. Würde sich der Bundesrat tatsächlich in diesen Bunker zurückziehen, sässe er in der Falle. Man muss davon ausgehen, dass der Feind davon erfahren würde. Mit Fallschirmsoldaten könnte er den neuen Regierungssitz relativ leicht umstellen. Ich bin daher der Meinung, es sei besser, mit dem Bau aufzuhören, statt nochmals 120 bis 150 Millionen auszugeben.»

Und mit süffisanter Ironie fügte er noch hinzu, man könnte ja vielleicht im bereits ausgehobenen ‹Loch› eine Champignonzucht aufziehen. Das brachte die Bürgerlichen erst recht in Rage.

In der Armee gilt das Prinzip des Gehorsams. Der ‹Obere› befiehlt, der ‹Untere› gehorcht. Ich kannte in meiner doch langen Zeit als Nationalrat nur einen hohen Offizier, der seine eigene Meinung auch dann vertrat, wenn es nicht die offizielle war. Eben – Arthur Liener. Er tat es beim Jubiläumsanlass in Basel als Generalstabschef und beim Bundesratsbunker als Chef der Abteilung Genie und Festungen.

Fast schon ein Wunder war es, dass dieser Mann gleichwohl zum Generalstabschef ernannt wurde.

Das ist Bundesrat Kaspar Villiger, der ab 1989 bis 1995 das Eidgenössische Militärdepartement (EMD) führte, gutzuschreiben.

Arthur Liener war als Brigadier an allen sieben Korpskommandanten vorbei zum Offizier der Armee aufgestiegen. Das, obwohl er ein Unbequemer war. Chapeau, Monsieur Villiger.

Noch ein Nachwort zum Bundesratsbunker. Der Baukredit für die Fertigerstellung war dann doch bewilligt worden.

Wo also steht nun der Bundesratsbunker? Besser gesagt, wo liegt er versteckt? Bei Kandersteg. Was geschieht heute damit? Ich weiss es nicht. Kein Mensch im Bundeshaus will darüber reden.

Im Kriegsfall hätten im Bundesratsbunker tausend Personen Platz. Neben dem Bundesrat wären das Führungsleute aus Bundesverwaltung und Kantonen.

Das ‹Loch› war als notdürftiger Regierungssitz mit allem Drum und Dran ausgerüstet worden, um arbeiten, sich verpflegen, schlafen, überleben zu können.

Arthur Liener war für mich der erste Generalstabschef, zu dem ich volles Vertrauen hatte. Ein Militär, der durch und durch Demokrat ist. Das mag merkwürdig scheinen. Armee und Armeeführung sind schliesslich Teile unserer Demokratie. Das glaubte ich auch.

Eine Parlamentarische Untersuchungskommission (PUK) deckte 1990 den Skandal auf. Unter dem Schlüsselwort P-26 hatte der damalige Generalstabschef Jörg Zumstein eine kleine ‹Geheimarmee› aufgebaut und ausgerüstet. Mit welchem militärischen Auftrag? Um nötigenfalls als Partisanentruppe den Kampf fortzusetzen. Dafür wurde die P-26 illegal aufgestellt, ausgerüstet, finanziert. Am Bundesrat und Parlament vorbei? Am Parlament sicher. Wir wussten nichts.

Aus dem PUK-Bericht geht hervor, dass für Generalstabschef Zumstein andere Beweggründe vorlagen. Falls die Linke bei Wahlen die Mehrheit erobert hätte, wäre für ihn ein gewaltsamer Umsturz denkbar gewesen. Mit der P-26-Truppe? Wie auch immer, ich nannte diesen Generalstabschef im Nationalrat einen ‹Putschgeneral›.

Die PUK hatte einen staatspolitischen Abgrund aufgedeckt. Die Armeeführung benahm sich als Staat im Staat. Sie befand sich ausserhalb der Legalität. Das Kompliment, Liener sei ein Demokrat, sollte zwar die Normalität sein, ist es jedoch nicht.

Bei den übergangenen Korpskommandanten durfte Arthur Liener als neuer Generalstabschef nicht auf überschwängliche Zuneigung hoffen. Konkurrenzneid ist in der Armee eine lästige Berufskrankheit. Aber Liener verfügt über eiserne Nerven. Er hat ein geradezu bärenstark ausgeglichenes Naturell. Liener bewahrt auch dann Ruhe, wenn andere längst im Schüttelfieber stecken.

Sein Ausgleichssport ist der Töff. Mit dem fährt er behaglich und vergnügt durch die Schweiz. Hat er Ärger, zündet Liener einen guten Stumpen an. Will er sich entspannen, ebenfalls. Der Mann sieht nicht nur gemütlich aus, er ist es auch. Trotzdem bittet man, ihn nicht zu unterschätzen. Er kann gefährlich werden.

Für Untergebene war Liener ein angenehmer Chef. Mit einem Vorbehalt: dass sie ihre Arbeit recht machten. Liener mag gewisse Menschen nicht leiden: Unfähige, Dumme, Intriganten. Da kann er seine sprichwörtliche Geduld rasch verlieren. Je höher der Grad, desto grösser seine Ungeduld. Ein Beispiel.

Bei Überschwemmungen war eine Brücke weggerissen worden. In solchen Katastrophenfällen springt die Armee mit Genie- und Bausoldaten ein, um schnellstens mal eine provisorische Ersatzbrücke zu erstellen. Der zuständige Oberst sah das anders. Er machte Liener einen Vorschlag, der ihm zuerst fast die Sprache verschlug. Mit so viel Dummheit hatte der Generalstabschef nicht gerechnet.

Liener traute seinen Ohren nicht. Der zuständige Mann für Ersatzbrücken nach Überschwemmungen meinte in vollem Ernst, man sollte zuerst eine Expertise einholen. So wie ich Liener zu kennen meine, hat er still vor sich hin geflucht oder laut gedacht: «So ein Schafseckel.»

Mit bissigem Spott quittierte Liener die unsinnige Idee. Ja, das sei genau wie bei einem Kriegsausbruch. Da würde man auch zuerst eine Expertise anordnen, um zu erfahren, was zu tun sei. Er wusste, der Mann war unbrauchbar. Er ordnete selber das Nötige an. Bei so viel Unverstand wurde Liener wütend. Fehler nahm er hin. Widerspruch ebenso. Nur faule ‹Siechen›, die mochte er nicht leiden.

Wohl deshalb dachte er bei Oberst Nyffenegger nicht an die Höchststrafe.

Nyffenegger, der Mann, der berüchtigt wurde.

Die Vorgeschichte.

Kaspar Villiger übernahm im April 1989 das Militärdepartement. Ihm stand eine für die Schweiz einmalige politische Auseinandersetzung bevor. Die Volksinitiative zur Abschaffung der Armee war eingereicht worden. Darüber sollte im November abgestimmt werden. Villiger blieb gerade mal ein halbes Jahr Zeit. Darum brauchte er Oberst Friedrich Nyffenegger.

Die Initianten galten im EMD als politische Spinner, als Extremisten, als Verrückte oder Kommunisten. Jedenfalls nicht als Schweizer.

Gegen die Armeeabschaffer mobilisierte Bundesrat Villiger die Aktivdienstsoldaten. Die alte Generation also. Die treuesten Verbündeten der Armee. Wer Aktivdienst geleistet hatte, dem musste keiner mit der Idee kommen, die Armee abzuschaffen.

Villiger schwebte vor, im ganzen Land flächendeckend Veranstaltungen mit den Ehemaligen aus dem Aktivdienst durchzuführen. Dafür brauchte es einen feierlichen Rahmen. Den sollte Oberst Nyffenegger als Projektleiter schaffen. Das Stichwort für das Aufgebot der Patrioten hiess ‹Diamant›.

Nyffengegger organisierte ‹Diamant›-Feiern noch und noch. Immer mit einem Redner gegen die Abschaffungsinitiative. Mit Verpflegung aus der Gamelle. Da kam nur das wohl berühmteste Militärmenü in Frage: Fleischsuppe mit Rindfleisch. In der Soldatensprache ‹Spatz› genannt. Bei so viel Nostalgie rollten bei manchem Aktivdienstler die Freudentränen.

Die Abstimmung verlief nicht problemlos, dennoch mit einem klaren Resultat. Die Armee wurde erwartungsgemäss nicht abgeschafft. Die vom EMD gewünschte Abfuhr der Extraklasse erlitten die Initianten allerdings nicht. Im Gegenteil. 36 Prozent stimmten für die Abschaffung der Armee. Mehr, als sich die Militärs in ihren schlimmsten Befürchtungen hätten vorstellen können. Ohne den politischen Beistand der Aktivdienstgeneration wäre das Debakel komplett gewesen. Die von Oberst Nyffenegger organisierten ‹Diamant›-Feiern mit dem ganzen patriotischen Brimborium hatten sich politisch also ausgezahlt.

Etliche Jahre später bekam Arthur Liener, nun Generalstabschef, Besuch. Von Frau Nyffenegger, geschiedene Frau des Obersts Nyffenegger in EMD-Diensten. Sie wollte gegen ihren Ex-Mann eine Aussage machen. Aus Rache für die Scheidung, wie sich dann herausstellte.

Frau Nyffenegger erzählte, die Abrechnungen über die ‹Diamant›-Feiern seien manipuliert, gefälscht, nicht ordnungsgemäss abgeliefert worden. Ein paar tausend ‹Diamant›-Swatch-Uhren lägen noch im Keller herum, ohne in der Abrechnung zu erscheinen.

Und so weiter. Liener leitete die Vorwürfe an die zuständige Instanz mit dem Antrag weiter, sie abzuklären, allenfalls ein Disziplinarverfahren einzuleiten.

Der ‹Fall Nyffegger› sollte Folgen haben. Auch für Liener.

Vor den Wahlen 1995 war Otto Stich aus dem Bundesrat zurückgetreten. Kaspar Villiger rückte ins Finanzdepartement nach. Stichs Nachfolger Moritz Leuenberger durfte nicht ins EMD. Ein ‹Sozi› sei dafür militärisch noch immer nicht wasserdicht genug. Adolf Ogi musste gegen seinen Willen das Verkehrs- und Energiedepartement räumen, um ins Militärdepartement zu wechseln. Er bekam einen Trostpreis: Das EMD wurde umgetauft in VBS und er war nun Sportminister.

Bei der Geschäftsübergabe von Villiger/Liener an Adolf Ogi wurde die Affäre Nyffenegger nicht einmal erwähnt. Ogi erfuhr erst später davon. Er fühlte sich düpiert. Vermutete, man habe ihn mit der Leiche im Keller hereinlegen wollen. Das nahm er vor allem seinem Generalstabschef übel. Ogi brachte sein Misstrauen gegen Liener nicht mehr weg.

Von Nyffeneggers Mauscheleien drangen Details nach aussen. Bundesanwältin Carla del Ponte griff ein. Sie sperrte den Oberst zuerst mal in Untersuchungshaft. Sie fuhr zweitens mit dem grössten juristischen Geschütz auf. Sie machte drittens aus dem Fall eine veritable Staatsaffäre. Damit setzte sie Adolf Ogi unter Druck. Für ihn war klar geworden, bei der Geschäftsübergabe war geschummelt worden. Ogi versprach, alles an Auf- und Abklärung zu tun, damit «nicht der Schatten eines Schattens» zurückbleibe.

Plötzlich stand Liener als einer da, der dem neuen Chef aus was für Gründen auch immer verschweigen wollte, was niemals hätte verschwiegen werden dürfen.

Oberst Nyffenegger war im Departement bekannt als Feuerwehrmann. Wo etwas vergessen wurde, unerledigt liegen blieb, hiess es: «Der Nyffenegger bringt das in Ordnung.» Nicht zufällig also landete der ‹Diamant›-Auftrag automatisch bei ihm. Liener hätte lieber jene Obersten bestraft, von denen er wusste, dass ihre Leistungen mehr als nur bescheiden waren. Dem ‹Mischler Fritz›, wie der Übername für Nyffenegger lautete, billigte er zu, wenigstens nicht auf der faulen Haut zu liegen.

Die Untersuchung gegen den ‹Diamant›-Projektleiter brachte eine Sauordnung von Nyffenegger an den Tag. Ein grosser Gauner war er wohl nicht. Eher ein schäbiger Oberst, der krumme Touren drehte. Ein Wichtigtuer auch, einer, der es mit den Abrechnungen nicht so genau nahm.

Die Bundesanwaltschaft hatte Jahre am Fall Nyffenegger gearbeitet. Sie füllte 144 Bundesordner mit Unterlagen. Das Bundesgericht musste entscheiden. Die Anklage hatte Teufels-Mühe, wenigstens eine Verurteilung dritter Klasse zu erreichen. Von einer Staatsaffäre grösseren Ausmasses war längst keine Rede mehr. Es ging nur noch darum, dem ‹Mischler Fritz› ein paar Verfehlungen nachzuweisen. Die hatte er mit der übermässig langen Untersuchungshaft abgebüsst.

Oberst Nyffenegger gehörte bestraft. Das war für Liener immer klar gewesen. Ihn störte einzig, dass so getan wurde, als ob die Schweiz in Gefahr gewesen wäre.

Arthur Liener ist vom Studium her Physiker. Die US-Raumfahrtbehörde NASA hätte ihn gerne engagiert. Nach der Ernennung zum Generalstabschef war das kein Thema mehr.

Lieners Laufbahn hätte also anders verlaufen können. Wer Wahlmöglichkeiten hat, ist unabhängiger. Wer unabhängig ist, ist freier. Liener musste nicht um jeden Preis auf seinem Posten ausharren. Das sollte sich denn auch bewahrheiten.

Der neue Generalstabschef sah Handlungsbedarf im strategischen Bereich. Das Ende des Kalten Krieges zwischen Ost und West ging nicht spurlos an der Armee vorbei.

Heute hat der Verteidigungsminister Schmid die grösste Mühe, noch das Allernötigste an Anschaffungen finanzieren zu können.

Arthur Liener schlug Adolf Ogi vor, eine Strategiekommission einzusetzen. Mit dem Auftrag, den Auftrag der Armee neu zu definieren. Liener hätte bei der Zusammensetzung der Kommission gerne auf die üblichen Politiker verzichtet. Die sollten später zum Zug kommen. Bei der Frage nämlich, ob und wie die Vorschläge der Kommission umgesetzt werden sollen.

Bundesrat Ogi nahm den Vorschlag von Liener auf. Nur in anderer Form. Der Kommission gehörten 41 Persönlichkeiten aus Politik, Wirtschaft, Wissenschaft, Verwaltung an. Krethi und Plethi sozusagen. Liener wollte die Bedürfnisse der neuen Armee herausfinden. Der Politiker Ogi das Machbare. Das lief auf den üblichen politischen Kompromiss hinaus.

Arthur Liener war enttäuscht. Ihn befremdete, wie der Chef nach seinem Empfinden aus der Strategiekommission einen Zwitter machte. Liener sah die Chance schwinden, dass er als Generalstabschef Massgebliches erreichen könnte. Ihn reizte reine militärische Routine nicht. Er spürte die Vertrauenslücke zwischen ihm und dem politischen Chef. Ohne Vertrauen wollte und konnte Liener nicht so arbeiten, wie er sich das vorstellte.

Der frustrierte Liener suchte nun die Konfrontation. Ihm fehlte offensichtlich unter diesen Umständen die Lust am Job. Er bereitete den Abgang vor. Und gab jede Zurückhaltung auf.

In einem Interview brach Liener die Brücken zurück zu Ogi ab. Er beschrieb seinen Lohn wörtlich als ‹Schafseckelzulage›. So etwas muss man zuerst nochmal lesen, um zu begreifen, was es zu bedeuten hatte. Die Botschaft Lieners war unüberhörbar: «Ich habe genug. Mir reichts. So nicht!»

Verteidigungsminister Ogi vermied den grossen öffentlichen Eklat. Den konnte er sich nicht leisten. Er einigte sich mit Liener auf den vorzeitigen Ruhestand. Beide waren den anderen los. Die Voraussetzungen für eine unerlässliche Harmonie fehlten. Die Macht der Verhältnisse bestimmt nicht selten die Machtverhältnisse.

Furgler – der vielleicht Brillanteste

Bundesrat Kurt Furgler schaffte es mühelos, sich eine Stunde lang mit dem Schriftsteller Max Frisch auf höchstem intellektuellem Niveau über Gott und die Welt zu unterhalten.

Er ist wohl schon in der Schule Klassenbester gewesen. Das sollte so bleiben. Auch in der Politik. Nach seiner Wahl zum Bundesrat meinte ein Pressefotograf zu mir: «Wenn der in der Politik den gleichen Ehrgeiz entwickelt wie als Handballer, dann gnade euch Gott im Bundeshaus.» Er kannte Furgler als Coach des Handballclubs St. Othmar St. Gallen. Keiner habe seine Mannschaft so angefeuert: «Für den Sieg riskierte Furgler alles. Es gab nur eines: gewinnen.»

Im Skifahren erreichte Kurt Furgler nicht den gleichen Leistungsstandard. Das Manko egalisierte er mit Ausdauer. Ein-, zweimal im Winter ging der Bundesrat mit Adolf Ogi, damals Direktor des Schweizerischen Skiverbandes, auf die Piste. Natürlich fuhr Furgler gut, aber halt doch nicht so wie ‹Dölf› Ogi. Als es eindunkelte und die Seilbahn abgestellt wurde, musste sie für den Bundesrat noch einmal in Betrieb gesetzt werden. ‹Dölf› erzählte mir, sie hätten fast schon eine Taschenlampe brauchen können, so spät sei er mit Kurt Furgler noch unterwegs gewesen. Wenn nicht der Beste, dann halt der Ausdauerndste.

Furgler ist auch Fussballfan.

Noch heute sitzt er bei Spielen des FC St. Gallen auf der Tribüne. Beim FC Nationalrat waren wir über sein beachtliches fussballerisches Können froh. Wir kickten zum Plausch. Gleichwohl bleibt er mir in Erinnerung als einer, der alles gab. Der mit Leidenschaft spielte. Er konnte gar nicht anders. Höchstleistungen liegen ihm im Blut. Oder, wie es heutzutage kompetenter tönt, er hat sie in den Genen mitbekommen.

Ich fand nie heraus, was bei Furgler überwog: Freude, Pflicht, Lust, Last?

Hochleistungssportler trainieren ja wie die Verrückten. Stets wollen sie bis ans Limit gehen. Sie fordern sich selbst heraus. ‹Es› zu schaffen vermittelt das Glücksgefühl, den ‹inneren Schweinehund› überwunden zu haben.

Kurt Furgler ist im Nationalrat immer wieder aufgefallen, dass er damit glänzte, was den meisten Schweizer Politikern nicht gelingt: die freie Rede mit druckreifen Sätzen. Er hat sich fast nie verhaspelt. Er beherrschte die Sprache. Das kann nur, wem auch die Gabe des Denkens gegeben ist.

Furglers sprachliche Perfektion ist selten. Verena Grendelmeier fällt mir ein. Die Landesring-Politikerin war Sprachausbildnerin beim Fernsehen. Sie hätte mit ihrem Hochdeutsch im Deutschen Bundestag mühelos mithalten können. Sie gehörte zu den ersten Frauen im Rat. Nicht wenigen Männern im Saal schlug ihr penetrant gutes Schriftdeutsch auf den Magen. Wir rieten Verena deshalb, etwas eidgenössischen Slang einzubauen. Damit man merke, dass sie eine Schweizerin sei. Keine Deutsche.

Nationalrat Ernst Mühlemann aus dem Thurgau zählte auch zu den Sprachkünstlern. Kein so eloquenter wie Furgler. Dafür mit weniger Pathos. Furgler übertrieb damit. Wie eine schöne Frau, die sich zu auffällig schminkt. Sie fällt so zwar auf, aber weniger wäre schöner.

Gegen Furgler im Rededuell bestehen zu wollen, bedeutete an sich bereits eine Herausforderung. Gegen ihn zu gewinnen, war wie Klettern an der Eigernordwand. Wer schafft das schon?

Ausnahmekönner sind schwer zu ertragen. Der Ehrgeiz, stets der Beste sein zu wollen, drückt anderen aufs Gemüt. Deshalb wurde Furgler von den Leuten respektiert, aber nicht geliebt.

Er hat sein Können wohl auch zu dick aufgetragen. Ihm gelang es nicht, seine überragenden Fähigkeiten so diskret einzusetzen, dass sie einem völlig normal vorgekommen wären. Das Talent zur Bescheidenheit besass er nicht. Zumindest nicht als Bundesrat. Dazu passt Folgendes.

«Sage bitte einen schönen Gruss an Kurt Furgler», bat mich Jürgen Schmude, damals Justizminister in der Regierung von Helmut Schmidt in Bonn. Wir trafen uns zufällig auf der Ferieninsel Bornholm. Damit Sie sie nicht suchen müssen: Bornholm liegt in der Ostsee, zwischen Kopenhagen und Malmö. Übrigens sehr zu empfehlen. Wir hatten auf Bornholm schon vier Wochen lang ‹Italienwetter›.

Schmude kannte Furgler von der Europäischen Justizministerkonferenz her. Der erste Auftritt des neuen Schweizer Justizministers sei unvergesslich geblieben, erzählte der Deutsche. Furgler hatte sich mit einem eindrücklichen Votum eingeführt. «Er sprach perfekt deutsch, so gut wie wir, ohne jeden eidgenössischen Akzent, den wir so mögen.»

Aber das war nicht alles. «Furgler wiederholte seine Rede auf Französisch, Italienisch, Englisch. Soweit ich folgen konnte, fehlerfrei», meinte Schmude. Natürlich sei Furglers Sprachbegabung bewundert worden. «Aber dafür seid ihr Schweizer ja berühmt», bemerkte er. «Nur – soweit wäre das gar nicht besonders aufgefallen, hätte Furgler nicht übertrieben.»

Was war passiert? Kurt Furgler ergriff das Wort ein zweites Mal. Er musste mitbekommen haben, dass sämtliche Voten live übersetzt wurden. Deshalb erwartete niemand, dass er nochmals in vier Sprachen auftreten würde. Genau das jedoch tat er. «Was nun des

Guten zu viel war», kommentierte Jürgen. Um das Urteil zu fällen: «Weisst du, dieser Mann ist zu intelligent, um auch noch klug zu sein.»

Es sind nicht allein Fehltritte auf der grossen Politbühne, die ins Gewicht fallen. Scheinbare Belanglosigkeiten charakterisieren einen Menschen ebenfalls.

Unser Junior besuchte mit mir das Bundeshaus. Ihn interessierte, wo der Vater arbeitete. Am meisten imponierte ihm das Radio- und Fernsehstudio, dann noch das Bundeshaus-Café. Nachher liefen wir Bundesrat Furgler über den Weg. Ich stellte ihm unseren Simon vor. Mich dünkte, Furgler habe zu wenig unbefangen, zu unnatürlich artig reagiert. Er wollte von Simon wissen, ob er Fussball spiele. «Ja, bei den Junioren von Binningen.» – «Gut, ich schicke dir einen ‹Bölle›.» Gemeint war ein Ball. Doch der ‹Bölle› traf nie ein. Der viel beschäftigte Bundesrat hatte ihn vergessen.

Irgendwie passte das zu Furgler.

Niemand hatte erwartet oder gar verlangt, er solle Simon einen ‹Bölle› schenken. Wenn er es jedoch tat, hätte er das Versprechen unbedingt einlösen müssen. Bekanntlich darf man vor allem Kinder nicht enttäuschen.

Für Simon war Furgler ein erledigter Mann. Wann immer dessen Kopf im Fernsehen oder in der Zeitung auftauchte, fiel ihm der versprochene ‹Bölle› ein. Er hat ihm, solange er Schulbub war, nie verziehen. Ich dürfte gar nicht schreiben, wie es dann tönte: «Dieser Sauhund hat mir einen Ball versprochen und nie geschickt.»

Das Justiz- und Polizeidepartement rangierte – vor Furgler – in der Bundeshaushierarchie in der unteren Hälfte. Von der politischen Bedeutung her galt es als zweitklassig. Das hing vor allem mit Furglers Vorgänger zusammen: Ludwig von Moos, CVP, aus

Stans. Der Obwaldner Bundesrat war bis auf die Knochen konservativ-reaktionär. Zum Glück plagte ihn nicht seine wohlige Faulheit. Sie dürfte das Beste an ihm gewesen sein. Was immer er unterliess, war wenigstens nicht falsch. Bei ihm war die Frage am Stammtisch erlaubt: «Was macht eigentlich Ludwig von Moos in Bern?»

Mit Furgler hörte das Schattendasein der Justiz auf. Er gab ihr den berechtigten Stellenwert zurück. Das Justizdepartement entpuppte sich als politische Drehscheibe im Bundeshaus.

Die sieben Bundesräte tauschen gegenseitig ihre Geschäfte aus. Die anderen sollen sich äussern. Man sagt dem Vernehmlassung. Da spielt sicher das Finanzdepartement eine wichtige Rolle. Weil es meistens um Geld geht. Der Justizminister ist ebenso gefragt. Jedes Gesetz, jede Gesetzesrevision muss auf ihre Verfassungsmässigkeit geprüft werden. Das ist Sache der Justiz. Wer mitredet, macht Politik, bekommt Gewicht. Das brauchte man Furgler nicht zweimal zu sagen.

Politiker, die über das Tägliche hinaus disponieren, die etwas Grösseres vorhaben, machen sich in der Schweiz zuerst mal verdächtig. Weil solche Pläne meistens kosten. Zweitens lehnen viele Neues grundsätzlich ab. Drittens schliesslich möchte sich da einer nur ein Denkmal sichern, wittern Ewiggestrige den vermeintlichen Pfeffer. Willi Ritschard hat in solchen Situationen stets den Spruch hervorgeholt: «Sie vergönnen einander noch das Zahnweh.»

Kurt Furgler begnügte sich nicht mit dem Alltäglichen. Er wollte nicht nur tun, was sowieso getan werden musste.

Für den Justizminister rückte das Jahr 1991 ins Zentrum: 700 Jahre Schweizerische Eidgenossenschaft. Furgler dachte an ein passendes Jubiläumsgeschenk: eine neue Bundesverfassung.

Die geltende Verfassung datiert vom Gründungsjahr unseres Bundesstaates, von 1848. 1874 und 1891 wurde sie entscheidend ergänzt. 1874 mit dem Referendum, 1891 mit der Volksinitiative. Mit diesen Volksrechten ist die Schweiz zur direkten Demokratie geworden.

Die Gründung des Bundesstaates 1848 war für Europa ein revolutionärer Akt. Rings um die Schweiz gab es Monarchien, Kaiserreiche, Fürstentümer. Nicht jedoch eine Demokratie.

Die Schweiz, Europa, die Welt hatten sich verändert. Die Anforderungen an Staat, Politik, Gesellschaft, Wirtschaft waren mit der Gründungszeit nicht mehr vergleichbar. Die Bundesverfassung hatte ‹Rost› angesetzt. Eine Totalrevision war nötig geworden.

Diese Auffassung teilte auch das Parlament.

Ständerat Karl Obrecht aus Solothurn und Nationalrat Peter Dürrenmatt aus Basel hatten gleichlautende Vorstösse eingereicht. Es brauche eine gründliche Überarbeitung der Verfassung. Furglers Verdienst war, den Ball aufgenommen zu haben. Vielfach lassen Bundesräte solche Gelegenheiten ungenutzt.

Der Justizminister setzte eine Verfassungskommission ein.

Ungewöhnlich war ihre progressive Schlagseite. Die heutige SVP hätte vermutlich den politischen Notstand ausgerufen.

Die Furgler-Kommission legte 1977 für einmal vor, was selten passiert in der schweizerischen Politik: nicht einfach einen Entwurf, sondern wirklich einen Wurf. Einen Verfassungstext, der das übliche Kompromissgebräu vermieden hatte und klaren Wein einschenkte. Nicht eine mit linker Hand geschriebene Verfassung. Natürlich nicht. Aber auch keine bürgerlich-konservative Fassung aus dem historischen Museum. Vielmehr eine mit radikal-liberaler Schrift plus sozialem Unterbau.

Der Entwurf verbreitete einen Hauch Aufbruchstimmung. In der Absicht, aus dem helvetischen Trott auszubrechen. Die Furgler-Kommission hatte sich bemüht, den revolutionären Geist von 1848 in angemessener Form fürs Hier und Heute zu adaptieren.

Ich meine, diese Verfassung wäre ein würdiges Jubiläumsgeschenk gewesen. Der Entwurf blieb jedoch im lustlosen Bundeshausmief stecken. Die Bürgerlichen bekamen auf einmal kalte Füsse. Furglers Verfassung erschienen ihnen zu progressiv, zu sehr zentriert auf einen starken sozialen Staat. Sie ergriffen die Flucht nach rückwärts. Die Chance, eine Mehrheit für diese Verfassung zu bekommen, versandete. Das Projekt ist an der politischen Unlust erstickt. Kurt Furglers Tempo war für den bürgerlichen ‹Umzug› zu forsch. Er kam nicht mehr mit.

Furglers späterer Nachfolger im Justizdepartement, Arnold Koller, fasste Jahre danach den Auftrag, die bestehende Verfassung zu überarbeiten, sie übersichtlicher zu gliedern, weil im Laufe der vielen Jahrzehnte ständig neue Kapitel beigefügt worden waren, zum Beispiel das Umweltschutzrecht, die AHV, die Raumplanung und vieles mehr.

Bundesrat Koller führte den Auftrag korrekt aus. Er erlaubte sich sogar, da und dort neue inhaltliche Punkte zu setzen. Man könnte sagen, der Verfassung sei eine Frischzellenkur verpasst worden. Natürlich schaute dabei kein grosser Wurf mehr heraus. Dazu war der Appenzeller Koller ausdrücklich nicht befugt worden.

Die Politik war dem schweizerischen Stil treu geblieben. Statt einem Wurf die kleinen Schritte. Statt neuem Inhalt eine neue Schrift. Statt neuen Perspektiven ein neues Inhaltsverzeichnis. Bewährtes war konsolidiert und Kühnes weggelassen worden. Furglers Traum von einem verfassungsrechtlichen Meilenstein war ausgeträumt.

Die CVP führt als einzige Partei das Attribut ‹christlich› im Firmenlogo. Nach meiner Erfahrung bedeutet das keineswegs, CVP-Politiker seien humaner als wir anderen.

Mit dem christlichen Monopolanspruch bekundete jedenfalls Furgler Probleme.

1973 gab es in Chile einen Staatsstreich. General Pinochet stürzte die Demokratie und ersetzte sie durch seine Militärdiktatur. Staatspräsident Salvador Allende war abgesetzt und getötet worden. Heute wissen wir, Pinochet liess Tausende seiner Gegner umbringen. Menschenrechte waren für ihn, wie er höhnisch meinte, «eine Erfindung der Kommunisten».

In der Stunde demokratischer Not in Chile gab es im Bundeshaus keinen humanitären Schub für christliche Nächstenliebe. Mit den Chilenen klopften nämlich zum ersten Mal südamerikanische Flüchtlinge bei uns an. Sie wurden als Bedrohung wahrgenommen. Diese Verfolgten passten nicht zu uns. Im Nationalrat führten wir darüber bitterböse Auseinandersetzungen. Mit dem christlich patentierten Justizminister Furgler.

Die Mehrheit der Bevölkerung verstand ihn.

Der harte Kurs gegen Asylsuchende empörte schon damals die wenigsten. Christliche Politiker befanden sich also in bester Gesellschaft. Die Schweizer und Schweizerinnen werden in der Regel christlich getauft. Damit hat sichs.

Mein persönliches Verhältnis zu Furgler blieb ambivalent. Der Mann konnte umwerfend herzlich sein.

Die SP Fribourg bat mich mal, bei ihm für einen jungen Juristen ein gutes Wort einzulegen. Furgler wollte wissen, ob er auch gut sei. «Kurt, das weiss doch ich nicht. Das musst du selber herausfinden.» – «Eines habe ich gelernt», erwiderte darauf Furgler, «ich nehme lieber einen gescheiten SPler als einen dummen CVPler. Mit Unfähigen hast du nur Ärger und Verdruss. Ich lebe als Bundesrat von denen, die für mich gut arbeiten.»

Das war insofern erstaunlich, als CVP-Politikern nachgesagt wird, am ungeniertesten Vetterliwirtschaft zu betreiben. Dafür sei man an der Macht, um mit eigenem Personal Politik zu machen, wurde ich mal belehrt. Mit dem Zusatz – auch von Kurt Furgler – : «Ihr Sozialdemokraten habt kein Verhältnis zur Macht.» Darüber habe ich lange nachgedacht. Bis heute.

Wie mans offenbar richtig macht, zeigt sich am Beispiel des Kantons Wallis. Dort ist die CVP die eigentliche Staatspartei. Pascal Couchepin meinte mal zu mir – bevor er Bundesrat war: «Im Wallis gibt es in der kantonalen Verwaltung 92 Chefstellen. Und 92 Chefs sind Mitglied der CVP. Wer es nicht oder noch nicht ist, hat keine Chance. Ohne CVP-Parteibuch wird keiner gewählt.»

Übrigens: Der junge Fribourger SP-Jurist wurde eingestellt.

Ich erlebte aber auch den anderen Furgler.

Als Lilian Uchtenhagen 1983 Bundesratskandidatin der SP-Fraktion war, sprach ich bei ihm vor. Ich fragte ihn, ob er sich in der CVP-Fraktion für sie einsetzen könnte. Ich bat ihn darum. Mit der Bemerkung, er selber vertrete doch die Auffassung, nur die Besten seien für den Bundesrat gut genug. Furgler versprach, das könne er selbstverständlich tun. Und stimmte ein Loblied auf Lilian Uchtenhagen an.

Nach der CVP-Fraktionssitzung am Abend vor dem Wahltag wartete ich im Ratssaal auf die Rückkehr von CVP-Kollegen von der Sitzung. Der Bündner Nationalrat Dumeni Columberg lief mir als Erster in die Arme. Er wusste nichts von meiner Unterredung mit Furgler. Ich überrumpelte ihn mit der Frage, ob Furgler für Lilian Uchtenhagen votiert habe. «Was, für Lilian? Gegen Uchtenhagen hat er geredet. Nach dem populären Ritschard brauche die SP nicht wieder eine solche Wahllokomotive.» – Damit klar ist: Kein Bundesrat von der politischen Konkurrenz muss Kandidaten einer anderen Partei unterstützen. Ich hätte mir lediglich gewünscht, Kurt Furgler wäre aufrichtig zu mir gewesen, hätte mir das direkt gesagt oder wenigstens diplomatisch geschwiegen.

Die Menschen spüren, wenn ein Politiker abgefeimt ist, schlau zwar, aber zu glattzüngig.

Furgler erinnert etwas an Edmund Stoiber aus Bayern. Ein ungeheuer erfolgreicher Ministerpräsident, der jedoch über sich selber und seine feigen Fallensteller stolperte. Edmund Stoiber steht der Ehrgeiz ins Gesicht geschrieben. Er hat die Seelen und Herzen der Menschen nie für sich gewonnen. Sie wussten zwar, Stoiber hat viel erreicht und viel getan für sie. Dennoch gab es kaum Bedauern, als er im Januar 2007 erklärte, im September aufhören zu wollen. Man hat seine Leistung respektiert, ihn aber persönlich nicht gemocht.

Bei Kurt Furgler dachten viele – ich auch –, der Bundesratskittel sei ihm längst zu eng geworden. Was haben wir ihm nicht für Funktionen ausgesucht, die, wie wir meinten, er anstrebe: UNO-Generalsekretär, Fifa-Präsident, Präsident des Schweizerischen Olympischen Komitees.

Gab es Witze über ihn, dann eher leicht boshafte.

Da soll Kurt Furgler über den Zürichsee gelaufen sein. Ein Wunder? Ach was: «Furgler kann nicht einmal schwimmen.»

Oder: Bundespräsident Furgler besuchte in Rom den Heiligen Vater. Der soll gestöhnt haben: «Aber ich bin doch schon katholisch, hören Sie endlich auf.»

Der Justizminister probte den Wechsel. Er übernahm das Eidgenössische Volkswirtschaftsdepartement, EVD, bisher eine freisinnige Hochburg. Für die FDP als Wirtschaftspartei gehörte das EVD zu ihrem Machtbereich. Zeitweise belegte der Schweizerische Handels- und Industrieverein (HIV) im Bundeshaus ein Büro nebenan. Deshalb hiess er der ‹Vorort›. Politik und Wirtschaft waren freisinnige Zwillinge.

Nun also regierte Furgler als erster CVP-Bundesrat im EVD. Für die FDP war das wie eine feindliche Übernahme. Von allen freisinnig gleichgeschalteten drei Wirtschaftsverbänden (HIV, Schweizerischer Gewerbeverband und Arbeitgeberverband) wehte Wirtschaftsminister Furgler ein kalter Wind ins Gesicht. Die freisinnigen Verbandsbosse hatten sich im helvetischen Filz bequem eingerichtet. Der Vorteil, im EVD den eigenen Mann zu wissen, gehörte zum Standard. Da konnte Furgler nur stören. Zumal bei ihm zu befürchten war, er würde nicht einfach im alten Trott weitermachen.

Der neue Wirtschaftsminister spürte bald einmal eine Schwachstelle in der Wirtschaft auf. Unser Bankensystem sei, so Furgler, zu stark auf die Grosskundschaft ausgerichtet. Die KMU, Klein- und Mittelunternehmen, hätten zunehmend Mühe, genügend Risiko- oder Startkapital zu bekommen. Dem wollte er abhelfen. Mit öffentlicher Bürgschaft für Innovationsrisikokapital.

Für die Landwirtschaft zahlt der Bund Milliarden. In der Hotellerie verbürgt er Baudarlehen. In die Bergregionen pumpt er Millionen. Also weshalb nicht auch für KMU?

FDP, Banken und Wirtschaft reagierten negativ. Furglers Plan verstosse ordnungspolitisch gegen bürgerliche Grundsätze. Auf Deutsch: Der Wirtschaftsminister soll bitte das Geldgeschäft den Banken überlassen. Das gehe den Staat nichts an. Die Vorlage wurde in der Volksabstimmung gebodigt.

Die freisinnige Rechte etikettierte deshalb den Wirtschaftsminister als Interventionisten. Als einen also, der die Wirtschaft unter staatliche Kuratel stellen wolle. Das in einem Moment, da sich der Freisinn von seinem Staat distanziert oder gar verabschiedet hatte. Das führte automatisch zum Kollisionskurs mit dem ungeliebten Wirtschaftsminister.

Im politischen Geschäft spielen auch niedrige, schäbige, also nicht nur sachliche Gründe eine Rolle. Furgler konnte im EVD tun und lassen, was er wollte, dem Freisinn passte alles nicht.

In der Politik erlebt man selten Sternstunden. Hie und da Galavorstellungen. Man gewinnt und verliert, es geht auf und ab. Konstant bleiben politische Langweiler und relativ passive Dahocker. Es gehörte deshalb schon zum besonderen Vergnügen, einen Furgler in Aktion zu sehen. War man mit ihm einverstanden, umso besser. Ärgerte er einen, dann wenigstens auf hohem politischem Niveau.

In der parlamentarischen Debatte blühte er auf. Wie im Fussball der Torhüter, wenn er einen Elfmeter hält.

Furgler als Gegner war kein Schleck.

Es war, als ob im Boxring ein Leichtgewicht gegen ein Schwergewicht kämpfte. Furgler votierte messerscharf. Er konnte mit Schmeicheleien den Widersacher umgarnen oder ihn mit viel Pathos flachlegen.

Wenn wir im Nationalrat von einem Kollegen sagten, er sei ein Lieber, war das kein Kompliment. Vielmehr das Einzige, was wir über ihn zu sagen wussten. Das bedeutete, «mit dem ist politisch nichts los».

Politik ist ein hartes Geschäft. Der Weg führt nicht im Lift nach oben. Er ist ein harter Kampf mit sich selbst und den Konkurrenten. Man teilt aus und steckt ein, bekommt Beifall und Pfiffe, wird geliebt und gehasst. Der Basler Theaterdirektor Egon Karter versuchte mal, mir die Psyche seiner Schauspieler zu erklären. Sie müssen ja alles spielen können, von liebenswürdig bis galgenbös, von der ehrlichsten Haut bis zum falschesten Hund, von himmelhochjauchzend bis zu Tode betrübt. «Ein Schauspieler muss deshalb mit seinen Gefühlen so bunt sein wie ein Pfauenarsch.»

Spitzenpolitiker, die ich beim Schreiben vor mir Revue passieren lasse, entsprechen durchaus dem Beschrieb, wie Sie ihn vor sich haben. Sie faszinieren, empören einen, begeistern und stossen ab, arbeiten politisch hervorragend und können persönlich unausstehlich sein. Irgendwo in dieses Bild passt Kurt Furgler. Es war ein Privileg, mit ihm als Nationalrat, später als Bundesrat miteinander und gegeneinander politisiert zu haben.

Es heisst, wer in der Politik im Seichten badet, kann wenigstens nicht ertrinken. Genau ein solcher Vergleich passt in keiner Phase zu Furgler. Ich schreibe Jahre später über ihn nur deshalb, weil er ein wirklich aussergewöhnlicher Politiker und Bundesrat war.

Der Umstrittenste

Vor ein paar Jahren schrieb ich Nationalrat Christoph Blocher und fragte ihn, woher das Zitat sei. Zu meiner Überraschung las ich in einer an alle Haushalte der Schweiz verschickten Broschüre, was ich gesagt haben sollte. Ich wollte wissen, wörtlich, «wo und wann ich einen solchen ‹Seich› gesagt haben sollte».

Blocher antwortete manierlich. Eine Quellenangabe konnte er keine machen. «Aber», schrieb er mir, «Sie könnten es gesagt haben.» Ich lachte laut heraus. Typisch Blocher, dachte ich. «Frech wie Galgenholz», hätte Grossvater gesagt.

Wie ist die erste Amtszeit von Christoph Blocher als Bundesrat zu beurteilen? Ich möchte vom Klischee wegkommen. Die einen verehren, andere hassen ihn.

Blochers Problem ist nicht das Können. Daran zweifelt kaum jemand. Blochers Problem ist er selbst. Kaum im Amt, hat er dem Staat den Kampf angesagt. Er beschimpfte das Bundespersonal, es arbeite wie in einer ‹geschützten Werkstatt›. Dort arbeiten üblicherweise geistig oder körperlich Behinderte.

Blocher ist offensichtlich überzeugt, das Land vor dem Absturz in den rot-grünen Abgrund bewahren zu müssen. Er will weniger Staat, weniger Steuern, weniger Personal, weniger Ausgaben. Das läuft auf eines hinaus: weniger Sozialstaat.

Blochers SVP führt nicht einfach Wahlkampf, sondern politischen Krieg. Der Feind steht links. Die Rot-Grünen sind nicht bloss andersdenkende Demokraten, sind nicht der politische Gegner, sondern Feinde. Die auch schon mal auf Plakaten als Ungeziefer verhöhnt und diffamiert wurden. Die, so Parteipräsident Ueli Maurer am Wahlparteitag 2007, «Werte der Schweiz zerstören».

Blocher ist für die Konkordanzregierung ein Risiko. Wie ein politischer Ritt auf der Rasierklinge. Seine Legitimation im Bundesrat sind die Wahlen 2003. Die SVP hat sie gewonnen. Sie wurde zum ersten Mal stärkste Partei der Schweiz. Das Wahlvolk also hat uns den Blocher im Bundesrat eingebrockt.

Nun steht das Konkordanzsystem auf dem demokratischen Prüfstand. Erträgt es einen Blocher?

Mit Christoph Blocher und Hans-Rudolf Merz ist der Bundesrat nach rechts gerutscht. Die Steuerpolitik wird auf die armen Reichen zugeschnitten. Finanzminister Merz kreiert ständig neue Einfälle, wie er den Privilegierten ein weiteres Privileg zuschanzen könnte: «Die Reichen brauchen eigentlich keine AHV», war so ein Angebot.

Im ersten Moment denken wir, «ja, das stimmt». Irrtum. Die Reichen sind die ‹Goldesel› der AHV. Ein Beispiel: Manager XY verdient fünf Millionen Franken. Das soll ja vorkommen. Er und sein Arbeitgeber zahlen davon 8,4 Prozent an die AHV. Macht 5 x 84 000 Franken = 420 000 Franken. Im Jahr! Die maximale Ehepaarrente für ihn beträgt 3315 Franken. Mehr bekommt er (2007) nicht.

Bekämen die Reichen keine AHV-Renten mehr, würden sie auch keine Beiträge bezahlen. Das wäre für die AHV ein schlechtes Geschäft.

Dazu gibt es von Bundesrat Hans Peter Tschudi ein klassisches Zitat.

FDP-Nationalrat Andreas Brunner aus Zug hatte erklärt, Dieter Bührle brauche doch keine AHV. Bührle galt damals als der reichste Mann der Schweiz. Bundesrat Tschudi antwortete: «Herr Brunner, Sie haben Recht, Dieter Bührle braucht die AHV nicht. Aber die AHV braucht Dieter Bührle.»

Bei der AHV kommen die Reichen an die Kasse.

Dieses geniale Finanzierungssystem übernahm 1947 Bundesrat Walter Stampfli, ein Solothurner Freisinniger, von seinem Versicherungsmathematiker. Stampfli heisst jetzt Merz, und die FDP ist heute eine andere Partei als zu Stampflis Zeiten.

Zwar ist auch mit Blocher & Merz der Bundesrat keine Abbruch GmbH geworden, obwohl SVP/FDP im Bundesrat vier von sieben Stimmen haben. Aber auf den Walliser Pascal Couchepin ist – für sie – kein Verlass. Er spielt weder gerne zweite Geige, noch hat er Lust, sich Blocher unterzuordnen. Deshalb ärgern sich alle über ihn. Mal die Rechten, mal die Linken.

Couchepin ist ein oppositioneller Walliser Freisinniger, wie Bodenmann ein oppositioneller Walliser Linker ist. Ergo verstehen sich die beiden so gut, dass Bodenmann beim 2002 erschienenen Buch Couchepins ‹Ich glaube an die Politik› das Vorwort schrieb.

Pascal Couchepin ist ein Bürgerlicher, klar. Aber kein Staatsgegner. Ihn hat die französische Schule geprägt. In Frankreich sind auch die Rechten Etatisten, nicht – wie Blocher & Merz – Staatsabbauer. Die ‹Neue Zürcher Zeitung› hat am 11.12.2006 ein Interview mit Couchepin veröffentlicht. Auf die Frage, weshalb er sich immer wieder von Blocher distanziere, meinte er: «Manchmal ist es notwendig, klarzustellen, dass Äusserungen von Kollegen nicht die Meinung des Gesamtbundesrates wiedergeben. In der Regierung sind wir alle einander gleichgestellt. Wollte einer das Gremium beherrschen, würde er scheitern, selbst als Bundespräsident.»

Und zur Zusammenarbeit im Bundesrat erklärte er: «Sie können sich vorstellen, dass ich nicht immer über alles, was im Bundesrat geschieht, glücklich bin. Mehr sage ich nicht.» Lust zum Weitermachen habe er: «Die Bürger erwarten, dass ich meine Arbeit zu Ende führe.»

Die 11. AHV-Revision war so etwas wie der sozialpolitische Härtetest.

Der Bundesrat machte bloss einige sozialverträgliche Abstriche. Die Mehrheit im National- und Ständerat jedoch schlug dann richtig zu. Zum ersten Mal sollte die AHV massiv verschlechtert werden. Somit ergriff die SP das Referendum, und das Stimmvolk lehnte die Kürzungsvorlage ab. 2:1. Eine heilsame Niederlage.

So schnell bringen die Bürgerlichen die AHV nicht wieder auf die Gant.

Auch Blochers Gelüste, die Swisscom zu verscherbeln, lösten einen Aufschrei der Empörung aus. Das Aus kam bereits im parlamentarischen Vorstadium.

Als beim Bildungsetat aufgestockt wurde und das Parlament noch ein Scheit drauf legte, hatten Blocher und seine SVP mit ihren Stoppversuchen keine Chance.

Das innenpolitische Klima ist frostiger geworden. Das ist spürbar. Speziell bei gesellschaftspolitischen und sozialen Anliegen. Aber Sozialabbau auf der ganzen Linie ist Blocher & Co. nicht gelungen. Christoph Blocher hat im Bundesrat nur eine von sieben Stimmen. Er ist folglich nur so stark, wie die anderen schwach sind. Oder eben nicht.

Blocher hält sich – in dosierter Form – an das Kollegialsystem. Bei den bilateralen Abkommen mit der EU machte er sogar gute Miene zum bösen Spiel.

Die SVP sagte Nein, und er hielt sich zurück. Aber man merkte ihm die Anstrengung an, die ihm die Gewehr-bei-Fuss-Haltung abverlangte.

Die Gesprächsatmosphäre im Bundesrat sei gut. Dies versichern Micheline, Moritz und Christoph. Das mag sein. Geändert jedoch hat sich die Gesprächskultur.

Hans Peter Tschudi kannte noch das Erfolgsrezept. «Du musst im Bundesrat den anderen nur nicht dreinreden, dann lassen sie dich machen.» Blocher praktiziert das Gegenteil. Er redet überall drein. Das irritiert die Kollegen mächtig. Zumal er, wie Leuenberger einmal seufzte, «im kleinen Bundesratszimmer auch noch so laut redet».

In einem Punkt hat sich Blocher durchgesetzt: Es wird im Bundesrat mehr diskutiert und abgestimmt. Und fast könnte man meinen, die Herren und Damen fänden Gefallen daran.

Früher ist die Konkordanz übertrieben worden. Da hiess es, ein Bundesrat solle seinen Parteimantel an der Garderobe im Bundeshaus abgeben. Von nun an sei er überparteilich. Politisch kastriert. Das war Quatsch.

Bundesräte sollen weder ihre Partei verleugnen noch deren Gefangene sein. Weder bei FDP, CVP, SVP noch bei SP wird das Parteiprogramm jemals Regierungsprogramm. Ein Bundesrat ist nicht Parteipräsident. In unserem System ist das unerwünscht. Bundesrat und Partei brauchen Freiraum voneinander und Vertrauen zueinander.

Extremforderungen sind mit dem Konkordanzsystem nicht kompatibel. Weder von links noch von rechts.

Das hat Blocher leider noch nicht begriffen. Ihm schmeckt der SVP-Stallgeruch besser als der Duft der Kollegialität.

Aber am Amt findet er Gefallen. Repräsentative Auftritte bereiten ihm Vergnügen. Ein weicher Kern steckt auch in ihm. Im härtesten aller Politiker: «Wie jeder andere Mensch möchte auch ich geliebt und nicht gehasst werden.» Das sagte Blocher am 24. 12. 2006. Als Weihnachtswunsch.

Der neue Justizminister hat sein Departement umorganisiert. Gründlich, mit klar strukturierten Abläufen.

Das politische Handwerk beherrscht er ja aus dem Effeff.

Das Bundesamt für Justiz gilt als das juristische Gewissen im Bundeshaus. Der Direktor soll, als er hörte, Blocher werde sein neuer Chef, gestöhnt haben: «Muss mir das wirklich noch passieren?», kurz bevor er, Mitte 2006, in Pension ging. Doch die zweieinhalb Jahre später bilanzierte er: «Blocher war mein bester Chef.» Na also.

Blocher arbeitet effizient.

Wird ein Vorhaben vorbereitet, versammelt er sein Team am runden Tisch. Dann gibt es eine Auslegeordnung. Alle Argumente dafür und dagegen kommen auf den Tisch. Nachher bestimmt der Meister die Richtung. Der zuständige Chefbeamte fasst den Auftrag, einen Berichtsentwurf auszuarbeiten. Bis wann? Früher hiess es zum Beispiel: ‹bis Mitte September›. Bei Blocher: ‹bis 12. September, 8 Uhr›. In seinem Kalender wird der 12. September angestrichen: ‹8 bis 11 Uhr Bericht lesen›.

Die Justiz war nicht Blochers Traumdepartement. Immerhin gehört dazu das Bundesamt für Migration, zuständig für Asyl- und Ausländerfragen.

Ein heisses Eisen.

Asylsuchende sind für die SVP der politische Schwerpunkt schlechthin. Als ob sie die grösste Bedrohung für uns wären.

Eine Volksinitiative jagt die nächste. Mit immer schärferen Massnahmen. Das nicht aus staatspolitischer Vernunft, sondern aus parteipolitischem Kalkül. Die Anhänger rechts aussen – es sind inzwischen viele geworden – sollen bedient werden.

Und Justizminister Blocher scheute sich nicht, der Partei den Gefallen zu erweisen: das Asylgesetz zu revidieren und, wie von der Partei gewünscht, zu verschärfen.

Schon seine Vorgängerin Ruth Metzler stand unter Druck und musste handeln.

Blocher brachte die Vorlage im Bundesrat, dann im Parlament durch.

SP, Grüne, Gewerkschaften, Landeskirchen, Bischöfe, Kulturschaffende, Hilfsorganisationen, ein bürgerliches Nein Komitee lehnten Blochers Vorschlag ab. Es gab für sie zu viele Verhärtungen. Blocher verletze Völkerrecht und die humanitäre Tradition der Schweiz. Die aus dem Zweiten Weltkrieg konnte nicht gemeint sein. Am 24. 9. 2006 stimmte das Volk mit Zweidrittelsmehrheit zu.

Ezio Canonica, in den Siebzigerjahren Präsident des Schweizerischen Gewerkschaftsbundes, hatte stets gewarnt. Die Linke könne höchstens Schlimmeres für Ausländer und Asylanten verhindern. Verbesserungen seien vom Stimmvolk nicht zu haben. Nun hat das Volk sicher nicht immer Recht. Aber es ist im Recht. Sonst bräuchten wir nicht abzustimmen.

Und ein Bundesrat, der so viel Zustimmung bekommt, ist zumindest nicht im Unrecht.

Am 24. September 2006 wurde zugleich über das revidierte Ausländergesetz abgestimmt. Auch hier: 68 Prozent Ja-Stimmen.

Neben Verschärfungen für Ausländer steht zum ersten Mal das Wort Integration im Bundesgesetz.

Dem Bund warten hier neue Aufgaben. Die beiden Basler Kantone sind mit ihrem Integrationsgesetz schon weit voraus. Schrittmacher war der Basler FDP-Regierungsrat Jörg Schild, heute Präsident von Swiss Olympic

Die Sprache integriert. Nur so können sich Ausländer und Schweizer verständigen. Blocher will Jahresaufenthalter ermuntern, die Landessprache zu lernen. Bei uns also Deutsch. Wer das schafft, kann die Niederlassung fünf Jahre früher bekommen.

Ein neues Vorhaben: Der Justizminister will die Strafverfolgung straffen. Terrorbekämpfung, Internet-Verbrechen, grosse Wirtschaftsprozesse sollen Bundessache werden. Wie zum Beispiel der Swissair-Prozess. Der würde sich dann nicht mehr vor dem Bezirksgericht Bülach abspielen.

Eine Expertenkommission hatte dazu ein Konzept ausgearbeitet. Blocher legte es dem Bundesrat vor. Dieser stimmte zu. Und die gleiche Expertenkommission bekam den Auftrag, einen Gesetzesentwurf zu formulieren. Das Prozedere ist immer das gleiche. Alle Interessierten, also Verbände, Parteien, Kantone, Kirchen, sollen sich zum Vorschlag der Expertenkommission äussern. Man sagt dem Vernehmlassung. Die ist in der Verfassung vorgeschrieben. Nachher werden die Stellungnahmen ausgewertet. Der zuständige Bundesrat, in diesem Fall Blocher, wird anschliessend die Gesetzesanträge mit Begründung festschreiben. Und zwar, so der Fachausdruck im Bundeshaus, in einer ‹Botschaft›. Die geht zuerst an den Bundesrat. Stimmt der zu, geht sie ans Parlament. Von da an beginnt die politische Bundeshausmechanik zu arbeiten.

Das Besondere bei der Neuordnung der Strafverfolgung: Blocher hat als Präsident der Expertenkommission Hanspeter Uster geholt. Der war bis Ende 2006 linksgrüner Regierungsrat in Zug. Und hat jetzt mehr Zeitkapazität. Blocher kennt keine Berührungsängste. Das zeichnet ihn aus.

Der Justizminister will nun auch das Aktienrecht revidieren. Die Rechte der Aktionäre sollen gestärkt werden. Zulasten der Verwaltungsräte.

Die Wirtschaftsverbände sind dagegen.

Wer sich durchsetzen wird, muss sich noch zeigen.

Ich erwähne das nicht, um Blocher schönzureden. Warum sollte ich? Ich halte nur fest: Es ist nicht alles falsch, was Blocher macht. Er macht gute Arbeit. Aber leider nicht immer eine gute Figur.

Im Januar z. B. empfängt Blocher stets seine Gläubigen zum politischen Gottesdienst. Im Zürcher Albisgüetli. Bei Essen, Bier, Wein und Blochers Rede als Hauptgang. 2006 schlug er wieder mal los. Die Asylrekurskommission und das Bundesgericht hätten es abgelehnt, zwei Kosovo-Albaner auszuweisen. Das, obschon sie des Mordes angeklagt seien.

Die Volksseele im Albisgüetli kochte. So ein Skandal! Wenn Blocher nicht wäre, würde alles verschwiegen! Nur: Blochers Mordsstory stimmte nicht. Asylrekurskommission und Bundesgericht widersprachen. Selbstverständlich hätten sie nicht für Mörder plädiert. Weil die Albaner schlicht keine Mörder waren.

Der Präsident des Bundesgerichts nahm Blocher öffentlich ins Gebet, wies ihn zurecht. Peinlich für einen Justizminister. Später hat er im Ständerat dazu sogar gelogen.

Bundesanwalt Valentin Roschacher genoss vom ersten Tag an Blochers Misstrauen. Blocher wollte ihn weghaben. Verfehlungen konnte er ihm keine nachweisen. In einem solchen Fall muss eine Lösung in gegenseitigem Einvernehmen ausgehandelt werden. Wie bei Fussballtrainern. Blocher akzeptierte folgende Vereinbarung: Roschacher tritt Ende 2006 zurück, bekommt den Lohn bis Ende 2007, plus einen Jahreslohn, plus 40 000 Franken Anwaltskosten, plus Umzugskosten, macht rund 600 000 Franken. Blocher erledigte den Fall allein. Das war Kompetenzüberschreitung. Er hätte den Deal dem Bundesrat und der Finanzdelegation zum Entscheid vorlegen müssen. Das Bundeshaus ist nicht die Ems-Chemie AG. Blocher, der immer das Sparen predigt, schmiss grosszügig mit Geldscheinen um sich.

Im Oktober 2006 machte Blocher einen weiteren, fast unglaublichen Fehltritt.

Zum besseren Verständnis Folgendes: 1994 stimmte das Volk dem Antirassismus-Gesetz zu. Wer den Holocaust, die Ermordung von sechs Millionen Juden durch die Nazis oder den Völkermord an den Armeniern leugnet, macht sich strafbar.

In der Türkei wird der Völkermord an den Armeniern von Staates wegen abgestritten. Im Januar 2007 wurde der Journalist Hrant Dink auf der Strasse erschossen. Er hatte den Völkermord zum Thema gemacht. Sein bester Freund war Orhan Panuk, Nobelpreisträger für Literatur. Er flüchtete vor Morddrohungen in die USA. Dafür leugnete ein türkischer Historiker bei einem Vortrag in Winterthur den Völkermord an den Armeniern. Die Staatsanwaltschaft eröffnete gegen ihn ein Verfahren.

Im Oktober 2006 besuchte Blocher in Ankara den türkischen Justizminister. Und brachte ihm ein Geschenk mit. Er werde beim Antirassismus-Gesetz über die Bücher gehen. Die Türken verstanden den Wink. Holocaust- und Völkermordlüge sollen bald nicht mehr strafbar sein in der Schweiz.

Zurück in Bern erteilte ihm der Bundesrat einen Verweis. Blocher: «Ich lasse mich nicht bremsen.» Sein Auftritt in Ankara sei im Interesse der Meinungsfreiheit. Jeder soll sagen dürfen, was er will. Blocher verteidigt also auch die Lügenfreiheit. Dass der Kniefall in Ankara kein spontaner Einfall war, bestätigt die SVP umgehend. Sie hat das Antirassismus-Gesetz unter Beschuss und in ihr Wahlprogramm aufgenommen: Weg mit ihm.

Im Dezember 2006 versammelten sich in Teheran Holocaustleugner aus aller Welt. Begrüsst wurden sie von Staatspräsident Ahmadinejad, der den Staat Israel von der Landkarte streichen möchte.

Es trat auch ein bekannter Holocaustleugner aus der Schweiz auf, Bernhard Schaub, und verkündete die frohe Botschaft: «Als grossen Schritt dürfen wir es ansehen, dass unlängst der schweizerische Justizminister Dr. Christoph Blocher angekündigt hat, den Tatbestand der Genozidleugnung (Holocaust) aus dem Strafgesetzbuch zu streichen.» Da müsste sich Blocher eigentlich schämen. Und sich entschuldigen. Aber das Wort Entschuldigung existiert nicht in seinem Repertoire.

Der Vorwand, es gehe nicht darum, Holocaustleugner zu schonen, sondern die Meinungsfreiheit zu sichern, zieht nicht. Was immer an dieser Schweiz auszusetzen ist – die Meinungsfreiheit ist hier nicht bedroht. Das freie Wort ist bei uns so selbstverständlich wie das Amen in der Kirche.

Nachholbedarf hat lediglich die SVP. Sie duldet abweichende Meinungen nämlich ungerne. Repression in den eigenen Reihen gehört dort zum politischen Alltag, und wer wenig robust ist, gerät unter die Räder der Parteimaschinerie.

Bundesrat Samuel Schmid könnte ein Liedlein singen. Er tanzt immer wieder aus den SVP-Reihen. Dafür degradierte ihn die Parteiführung öffentlich schon zum ‹halben Bundesrat›. Zum halbbatzigen also.

Nationalrat Ulrich Siegrist wurde von der SVP-Fraktion gar aussortiert. Nicht etwa wegen Unfähigkeit, sondern weil unbequem. Der frühere Aargauer Regierungsrat nahm Umweltanliegen ernst, als seine Partei auf dem ökologischen Auge noch blind war. Das machte ihn verdächtig. Als ‹Linken›. Zumal er als Präsident der Schweizerischen Offiziersgesellschaft auch in der Militärpolitik hinter Samuel Schmid steht. Das geht auf Dauer nicht in der SVP.

Der frühere Ständeratspräsident Ulrich Zimmerli warf schon 1999 das Handtuch. Der Berner Professor mochte nicht mehr für die SVP kandidieren. Ihm ging das ewige Gezänk mit der Parteiführung auf die Nerven. Zimmerli war es leid geworden, auf die eigene Meinung verzichten zu müssen, um so den Frieden mit der Zürcher SVP-Clique zu bekommen.

Nationalrätin Lisbeth Fehr war vormals eine loyale Blocher-Anhängerin. Dann wurde sie Mitglied der Schweizer Delegation im Europarat in Strassburg. Sie legte die Scheuklappen gegen Europa etwas ab. Das genügte, um in Ungnade zu fallen. Lisbeth Fehr wurde von der Zürcher SVP bei der nächsten Gelegenheit nicht mehr für den Nationalrat nominiert.

Der Zürcher SVP-Regierungsrat Christian Huber trat mitten in der Amtsperiode 2003–2007 zurück. Wegen «der Rennleitung», wie er sich ausdrückte. Er hätte als Finanzminister das SVP-Parteiprogramm umsetzen sollen. Nun ist der Regierungsrat keine Parteifiliale der SVP, sondern eine Kollegialbehörde. Der ehemalige Gerichtspräsident Christian Huber taugte nicht als Parteimarionette. Seine eigene Meinung mochte er nicht aufgeben. Das gab Knatsch mit der Partei.

Wer Holocaustleugnern hofiert, ist in übler Gesellschaft. Vorzutäuschen, es gehe um das Recht auf freie Meinung, ist eine Notlüge. Wer in der eigenen Partei mit dem freien Wort nicht zurechtkommt, demaskiert sich selbst. Und der Fehltritt in Ankara wird dadurch nur noch peinlicher.

Das grösste Manko von Christoph Blocher ist sein sozialpolitisches Unverständnis. Er politisiert vom Hochsitz des Tüchtigen und Erfolgreichen aus. Er denkt wie ein Darwinist: Wer den Erfolg nicht schafft, ist selber schuld. Dieses Denken prägt Blocher, es erklärt seine Abneigung gegen den Staat, aber auch sein Unvermögen, die historische Rolle der SP zu verstehen. Deshalb kann er mit der Solidargesellschaft nichts anfangen. Für ihn ist der Sozialstaat für «Faule und Schmarotzer» geschaffen worden.

Die Gretchenfrage: Soll Blocher Bundesrat bleiben?

Es gibt Gründe dafür und dagegen.

Persönlich sehe ich keinen Nutzen, den Wahlfilm 2003 als Reprise ins Programm 2007 aufzunehmen. Blocher bleibt die Reizfigur. Ihn deswegen abwählen? Wem nützte das? Dem Land? Dem Bundesrat? Der SVP? Ich sähe aus konsequentem Respekt vor der Konkordanz darin keinen Vorteil.

Nach meiner Einschätzung konnte sich die SVP keine bessere Steilvorlage als die gegen Blocher geführte Abwahlkampagne vorstellen. Die SVP hat denn auch den Wahlkampf völlig auf seine Person fokussiert: «Sie wollen unseren Christoph abwählen, nun erst recht an die Säcke!» Blocher ist für die SVP das, was Willi Ritschard für die SP war: Die Leitfigur seiner Partei. Die lässt man sich nicht wegnehmen. Wer das will, tut der SVP einen Gefallen. Wie sagt der polnische Satiriker Stanislaw Jerzy Lec? «Auf deine Gegner kannst du dich verlassen.»

Blocher ist ein Junkie. Er hängt an der Nadel der Politik.

Der deutsche Autor Jürgen Leinemann beschreibt in seinem Buch ‹Höhenrausch› die politische Szene in Berlin. Die staatslenkenden Akteure im Deutschen Bundestag seien eine Gesellschaft von Süchtigen. Süchtig nach Politik.

Blocher möchte Bundesrat bleiben.

Neuerdings bezieht er sich auf Konrad Adenauer, den ersten Bundeskanzler der Bundesrepublik Deutschland. Der war, als er gewählt wurde, bereits 71-jährig. Was will uns Blocher damit sagen? Dass er 2011, nach acht Jahren im Bundesrat, 71 werde? Also ruhig noch weitermachen könnte? Wie Adenauer?

Offenbar schluckt Blocher die Droge Politik.

Nach zwei Amtsperioden allerdings müsste dann Schluss sein. Wir wollen keine Lex Blocher für die ‹Ewigkeit›.

Keiner ist unersetzlich. Na also, Herr Blocher.

Zuerst ungeliebt, dann populär

Für Otto Stich war 1983 ein besonderes Jahr. Nach 20 Jahren im Nationalrat hatte ihn die Solothurner SP nicht mehr nominiert, und zuvor hatte es der Verwaltungsrat von Coop Schweiz abgelehnt, ihn in die Direktion zu wählen.

Am 7.12.1983 dann wurde Otto Stich Bundesrat.

Die Coop-Direktion war vollzählig im Bundeshaus erschienen. Um ihm zu gratulieren. Ein Bild für Götter.

Stichs Wahl erschütterte die Partei. Von der Fraktion vorgeschlagen war Lilian Uchtenhagen. Sie hätte die erste Frau im Bundesrat werden sollen. Die bürgerliche Mehrheit der Bundesversammlung entschied anders. Dieses Diktat wollte sich die SP nicht mehr gefallen lassen. Zwei Monate später führte sie im Kursaal Bern einen denkwürdigen Parteitag durch. Mit einer Rekordteilnahme: 1500 Delegierte, weitere 1500 SP-Frauen und -Männer als Gäste ohne Stimmrecht.

Es ging um den Rückzug der SP aus dem Bundesrat. Die Parteileitung wollte sich nicht länger mehr vorschreiben lassen, wer SP-Bundesrat werden darf. Vorher hatten die Sektionen und Delegierten als Diskussionsgrundlage ein Arbeitspapier mit den Argumenten für und gegen den Rückzug aus dem Bundesrat erhalten. Die Sektionsversammlungen im ‹Bären›, ‹Löwen›, ‹Ochsen› waren besucht wie seit Jahren nicht mehr. In der welschen Tageszeitung ‹La Suisse› appellierten die Parteipräsidenten von CVP, FDP, SVP: «Ne partez pas!» («Geht nicht!») Sie hatten Schiss, ihren linken Partner zu verlieren.

Der Parteitag verlief emotional aufgeladen. 77 Delegierte gingen ans Mikrofon. Fast alle votierten für den Rückzug aus dem Bundesrat. Die Abstimmung endete dann aber mit 3:2 gegen den

Antrag der Parteileitung, damit für Otto Stich. Von da an war er unser Bundesrat. Mit dem ‹Segen› des Parteitags. Und die SP fiel in ein Stimmungstief. Die Auseinandersetzung für oder gegen Stich hinterliess Blessuren. Wie hätte es anders sein können.

Langfristig jedoch zahlte sich der Protestparteitag aus. Zehn Jahre später, am 3. 3. 1993, wurde wieder eine von der SP portierte Frau nicht gewählt. Die Gunst ging an Nationalrat Francis Matthey. Im Unterschied zu Stich nahm er die Wahl nicht an und machte so den Platz frei für Ruth Dreifuss.

Matthey wusste eines: Ein zweites Mal würde sich der Parteitag dem bürgerlichen Veto nicht beugen.

Das Verhältnis zwischen Bundesrat Stich und der Parteiführung blieb gespannt. Da sich ja die gesamte Geschäftsleitung mit dem fast einstimmigen Parteivorstand gegen Stich und für den Rückzug aus dem Bundesrat entschieden hatte, bewegte sich der ungeliebte Bundesrat Stich in einem feindlichen Parteiumfeld.

Die Bürgerlichen hingegen lernten das Staunen, wen sie da gewählt hatten. Stich vertrat eine völlig andere Finanzpolitik als sie. Er besass zwar ein ausgeprägtes Gespür für das Sparen. Das allein führe jedoch nicht aus den roten Zahlen, erklärte er. Es brauche zum Sparen auch Mehreinnahmen. Das kam rechts ganz schlecht an. Die Bürgerlichen plädierten für den schlanken Staat. Das hiess, Abspecken durch Sparen. Und schlanker Staat bedeutete weniger Sozialstaat. Dieses Spiel machte der neue Finanzminister nicht mit.

Je mehr sich Stich mit der politischen Rechten überwarf, desto stärkeren Rückhalt fand er in der eigenen Partei. Auch wir hatten ihn unterschätzt.

Jedenfalls haderten die Bürgerlichen. So hatten sie sich ihren Favoriten nicht vorgestellt.

Schon nach zwei Jahren meinte der Thurgauer FDP-Nationalrat Ernst Mühlemann zu mir: «Heute würde ich Uchtenhagen wählen.»

Eines hätten sie wissen können: Stich ist stur und hartnäckig. Zudem lancierte er in den Siebzigerjahren die Idee einer Reichtumssteuer. Die SP nahm sie auf, reichte eine Volksinitiative ein. Die machte in der Volksabstimmung 44 Prozent Ja-Stimmen. Das war zwar kein Sieg, aber ein grosser Erfolg. Durchschnittlich werden ja neun von zehn Volksinitiativen abgelehnt. Chancen haben bloss harmlose Themen. Ausbau der Wanderwege zum Beispiel. Mit den 44 Prozent Zustimmung konnte Druck auf die direkte Bundessteuer gemacht werden. Um die Progression oben zu verstärken. Damit die Oberen ihren angemessenen Teil zahlen. Die ‹Neue Zürcher Zeitung› klagte denn auch, bei der direkten Bundessteuer handle es sich um ‹eine heimliche Reichtumssteuer›.

Otto Stich etablierte sich im Finanzdepartement. Er machte beim Volk Punkte. Ich erinnere mich an ein Gespräch im Zug von Basel nach Bern. Vier Geschäftsherren diskutierten über Stich: «Es ist unglaublich, der Stich redet immer vom Sparen, macht aber ständig Schulden. Trotzdem ist er bei den Leuten beliebt.»

Im Volk redete man vom ‹Otti›. Als ob ihn die Leute persönlich gekannt hätten. ‹Otti› war ein untrügliches Zeichen für Stichs Popularität geworden. Dabei ist er ein spröder Typ, kein hinreissender Redner, kein brillanter Unterhalter, kein politischer Blender. Wer ihn im Gartencenter beim Einkauf von Setzlingen beobachtet hat, begreift jedoch den Wandel vom Buhmann zum ‹Otti›. Er könnte der Nachbar von nebenan sein. Der Huber oder der Müller. Keine Starallüren, nichts Geschniegeltes, im Konfektionsanzug, der recht und schlecht passt.

Stich führte die Mehrwertsteuer ein. Zuerst widerwillig. Das heisst, Parlament und Bundesrat mussten ihn zum ‹Glück› zwingen. Nachdem aber der frühere Finanzminister Georges-André Chevallaz mit der Mehrwertsteuer beim Volk zweimal abgeblitzt war, wollte Stich den Erfolg. Und bekam ihn.

Stich als Aussenminister? Schwer vorstellbar. Er hat das Diplomatische nicht mit in die Wiege bekommen. Dennoch errang er einen unerwarteten, eigentlich fast schon sensationellen aussenpolitischen Erfolg.

Stich verhandelte mit der halben Welt über den Beitritt der Schweiz zum Internationalen Währungsfonds (IWF) und zur Weltbank. Bundesrat und Parlament interessierten sich kaum dafür. Der sture Stich meine, er könne das schaffen, hörte man hinter vorgehaltener Hand. Dabei gab ihm fast keiner eine Chance. Auch nicht die Institute für Meinungsumfragen.

Was niemand für möglich hielt, traf jedoch ein: Das Schweizervolk stimmte beiden Vorlagen zu. Ohne Vertrauenskredit bei Herrn und Frau Schweizer hätte das Stich nicht erreicht. Es war wirklich sein persönlicher Erfolg. IWF und Weltbank wurden von ihm im Einmannunternehmen ‹erobert›.

Der Finanzminister strahlte stets Gelassenheit aus. Eigentlich nie hektischen Stress. Wer bei Stich einen Termin wollte, bekam ihn in der Regel rasch. Wer mit ihm jassen wollte, auch: «Heute Abend, einverstanden?» Ich habe im Bundeshaus wenige kennen gelernt, die ihr Arbeitspensum so klaglos abarbeiteten wie Stich. Der Pfeifenraucher strahlte in der Regel vergnügte Gemütlichkeit aus.

Stich scharte starke Männer um sich. Alle mit dem Parteibuch. Ulrich Gygi als Direktor der Finanzverwaltung. Heute Chef Post Schweiz. Peter Siegenthaler, Stellvertreter von Ulrich Gygi, heute

Direktor der Eidgenössischen Finanzverwaltung. Peter Hablützel, Direktor Personalamt des Bundes, bei Finanzminister Merz dann nicht mehr erwünscht. Jean-Noël Rey, persönlicher Mitarbeiter von Bundesrat Stich, dann Mitglied der Generaldirektion PTT, heute Nationalrat aus dem Wallis.

Für Frauen in höchsten Positionen fehlte Stich das sichere Gespür. Drei Frauen ernannte er nacheinander an die Spitze der Pensionskasse des Bundes. Drei Mal ein Fehlgriff. So sehr, dass die Finanzkontrolle sich weigerte, Rechnung und Bilanz abzunehmen.

Otto Stich vergisst und vergibt nichts. Er ging immerhin als Sieger gegen die eigene Partei hervor. Sieger, sagt man, sollten grosszügig sein. Stich belohnt und bestraft. Entweder ist man für oder gegen ihn. Wer nach seiner Wahl für den Rückzug aus dem Bundesrat votierte, brauchte sich für eine Kaderposition bei ihm gar nicht erst zu melden.

Einige Wochen nach dem stürmischen Parteitag im Kursaal Bern wünschte Otto Stich mit mir ein Gespräch unter vier Augen. Im Restaurant des ‹Hotel Bern›, Kurierstube genannt. Wir sassen uns gute drei Stunden gegenüber. Er eröffnete die Partie mit der Aufforderung, ich solle als Parteipräsident abtreten. Das gelte auch für Vizepräsident Peter Vollmer und GL-Mitglied Lilian Uchtenhagen. «Ihr habt verloren», nagelte er mich fest. Rache unter Partei‹freunden›.

Ich lehnte Stichs Ansinnen ab: «Wir sind in der SP noch nicht so weit, dass der Genosse Bundesrat bestimmt, wer Parteipräsident ist oder wird.»

Wenn er mich weghaben wolle, müsse er bei meiner Wiederwahl Ende Jahr einen Gegenkandidaten aufstellen, fügte ich bei.

Stich machte sich vermutlich keinerlei Gedanken, was er der SP zugemutet hatte. Die Partei wollte die erste Frau im Bundesrat. Das hat Stich verhindert. Indem er sich vom politischen Gegner wählen liess. Und das war kein Zufall. Schon am Vorabend des Wahltags stand Stichs Auto vor seinem Büro für die Triumphfahrt ins Bundeshaus bereit und wurde von der Basler Polizei bewacht.

Offizielle Bundesratskandidaten der SP fielen bei den Bürgerlichen öfters durch. Dass diese üble Praxis auch bei der ersten Bundesratskandidatin demonstriert wurde, war besonders demütigend. Die SP konnte das nicht wortlos hinnehmen. Der ausgebrochene Konflikt musste ausgetragen werden. Sonst hätte es für Jahre nie Ruhe gegeben. Deshalb war der Sonderparteitag nötig.

Der Prozess war schmerzhaft. Für alle. Auch für Stich. Zugleich aber auch hilfreich. Der parteiinterne Machtkampf war entschieden worden. Endgültig. Zurück blieb das Kopfweh der Frauen. Aber die SP fand wieder zu sich.

Ohne Sonderparteitag hätte sie das nicht geschafft.

Bedarf für eine Abrechnung, wie Stich sie vorhatte, bestand keiner. Im Gegenteil. Es musste alles getan werden, die Partei zusammenzuhalten. Dafür fehlte ihm jedes Verständnis.

Neun Monate später fand in St. Gallen der ordentliche Parteitag statt. Ich stand zur Wiederwahl. Stich liess es tatsächlich darauf ankommen. Er hatte Nationalrat Prof. Hans Schmid von der Hochschule St. Gallen als Gegenkandidaten für das SP-Präsidium gewonnen. Ich wurde nie so gut wiedergewählt wie bei diesem Duell. Denn: In Bern hatten die Delegierten den damals ungeliebten Stich als Bundesrat mehrheitlich geschluckt. In St. Gallen wollten sie den alten Präsidenten behalten. Damit Frieden herrsche in der Partei. Am nächsten Morgen traf ich mit Stich zufällig beim Frühstück im Hotel ‹Hecht› zusammen. Er kam auf mich zu: «So, jetzt ist 1:1, hören wir mit diesen Bubenspielen auf.»Verglichen mit dem, was passiert war, fanden wir den Rank zur vernünftigen Zusammenarbeit recht gut. Wir hatten ja die gleiche Geschäftsgrundlage: die SP.

Stich war als Bundesrat bei uns kaum mehr bestritten. Sein Verhältnis zu den Bürgerlichen hingegen verschlechterte sich zusehends. Im Ständerat, dort besonders, herrschte zwischen dem Linken und den Rechten Froststimmung. Stich hatte sich festgebissen. Er sparte nicht mit rüden Vorwürfen. Das führte zur gegenseitigen Blockade.

Bei den Wahlen 1987 erlitt die SP eine Schlappe. Die Partei war vor allem im Kanton Zürich eingebrochen. Die Jugendunruhen hatten ihr zugesetzt. Jürg Kaufmann und Emilie Lieberherr, beide in der Exekutive der Stadt Zürich, kehrten der Partei den Rücken. Auch sonst herrschte nicht gerade linke Aufbruchstimmung im Schweizerland. Die politische Kondition der SP liess zu wünschen übrig.

Stich wünschte erneut ein persönliches Gespräch. Diesmal in seinem Büro. Erneut verlangte er meinen Rücktritt. Ich lehnte ab. Von Stich liess ich mir nicht vorschreiben, ob und wann ich das Präsidium abgebe. Daran änderte der Schulterschluss von St. Gallen nichts. Mir war zudem klar gewesen, dass ich die Wahlen 1991 nicht mehr als SP-Vordermann mitmachen würde. Das hatte ich mit Gret, meiner Frau, und dem früheren GL-Mitglied Andreas Gerwig, damals Nationalrat, längst besprochen. Die Zeit für einen Wechsel war 1990 gekommen. 15 Jahre SP-Präsident bedeuteten ohnehin Rekord.

Es folgte eine weitere Kraftprobe mit Otto Stich.

Ich engagierte mich für Peter Bodenmann als meinen Nachfolger. Der passte Stich gar nicht. Er taxierte den Walliser als viel zu radikal, zu ungestüm, zu links. Er hätte gerne Nationalrätin Ursula Ulrich an der Spitze der Partei gesehen. Die Fäden wären so in seiner Hand gewesen. Doch mit Frauen hatte Stich kein Glück.

Der neue Präsident wurde am Parteitag von 1990 in Basel gewählt. Die Delegierten konnten von einem Zweierticket auswählen: Ulrich und Bodenmann. Beide hielten eine Antrittsrede. Bodenmann eine brillante. Ursula wirkte wie ein Bleichgesicht neben einem Indianer. Bodenmann wurde haushoch gewählt.

Stich und Bodenmann sind Macht- und Realpolitiker. Für sie ist Politik die Kunst des Möglichen. Deshalb haben sie sich immer besser verstanden. Ich glaube sogar: Sie sind Freunde geworden.

Im Januar 2007 feierte Stich den 80. Geburtstag. Auf die Frage, was er heute als Bundesrat anders machen würde, fiel ihm nichts ein. Alles richtig gemacht also. «Ich bin eben unbelehrbar», kokettierte er im Tages-Anzeiger. «Wichtig ist», fügte er bei, «dass ich mit mir zufrieden bin. Was die anderen über mich sagen, ist mir wurst.» Denkste. Da macht er uns etwas vor. Er ist verletzlich wie ein rohes Ei. Und schützt sich mit seiner Sturheit.

Stichs Selbsteinschätzung zeigt aber auch, was für ein schwieriger Zeitgenosse er ist. Starke Persönlichkeiten sind doch für Neues empfänglich, sind lernfähig, können Fehler zugeben. Da bekundet Stich Mühe.

Stichs Lieblingsfeind wohl war Bundesrat Ogi. «Der Skilehrer», wie er im vertrauten Kreis spottete. Ogi war ihm zu EU-euphorisch. Stich passte das von Ogi ausgehandelte Transitabkommen von 1992 mit der EU hinten und vorne nicht. Darin war der Bau der NEAT-Basistunnel Lötschberg und Gotthard festgeschrieben worden. Stich lehnte den Lötschberg ab. Der Gotthard allein genüge. «Beide Projekte bringen nur Schulden. Der Lötschberg wird nie rentieren. Er wird nie amortisiert werden können. Der Gotthard auch nicht», so Stich am 80. Geburtstag.

«Adolf Ogi ist nicht mehr gut zu sprechen auf mich. Doch das erschüttert mich nicht», setzte er noch einen drauf. Nur nie versöhnlich nachgeben. ‹Je ne regrette rien›, Edith Piafs Chanson, scheint Stichs Lieblingsmelodie zu sein.

Die NEAT-Doppelspur Lötschberg/Gotthard war ein staatspolitischer Kompromiss. Die Romandie und der Kanton Bern hatten signalisiert, ohne Lötschberg den NEAT-Kredit abzulehnen. Damit hätte die Vorlage in der Volksabstimmung keine Chance gehabt. Herausgekommen wäre eine Nulllösung. Das sieht Stich «ums Verrecken» nicht so. Übrigens fast als Einziger.

Eisenbahnpolitisch macht das NEAT-Projekt Sinn. Benedikt Weibel, bis Ende 2006 oberster SBB-Chef, begründete das in der Nationalrats-Kommission. Der Güter- und Personenverkehr Nord-Süd werde weiterhin zunehmen. 1994 habe das Stimmvolk die Alpeninitiative angenommen, Güter seien im Nord-Südtransitverkehr möglichst auf die Schiene umzuladen. Deshalb brauche es beide Neat-Tunnels: «Den Lötschberg hauptsächlich als Güterbahn, den Gotthard als Personenbahn. Das Problem ist heute, dass sich Personen- und Güterverkehr in die Quere kommen. Hochgeschwindigkeits-, Regional- und Güterzüge haben zu unterschiedliche Tempos: von sehr schnell bis relativ langsam. Das auf dem gleichen Geleise.»

Stich lüftete am 80. Geburtstag ein Geheimnis. Er sei 1995 ein paar Wochen vor Ablauf der ‹Dienstzeit› zurückgetreten, weil er den

Doppelbeschluss Lötschberg/Gotthard nicht mehr habe mitverantworten wollen. Damit serviert uns der Dickschädel einen weiteren Beweis für seine Sturheit. Nach dem Kollegialsystem hätten sich Bundesräte der Mehrheit zu fügen.

In Tat und Wahrheit verschweigt uns Otto Stich den wahren Grund. Er tut das sogar auf amüsante Art. Insider nämlich behaupten, Stich und Parteipräsident Bodenmann hätten miteinander einen Deal verabredet.

Fakt ist: Stichs vorzeitiger Abgang kurz vor den Wahlen 1995 verhagelte den Bürgerlichen den Wahlkampf gründlich. Sie waren dabei buchstäblich untergegangen. Kaum jemand interessierte sich noch für die Wahlkampfkost der CVP, FDP, SVP. Alles redete nur noch davon, wer wohl Stichs Nachfolger werde. Wer im öffentlichen Gerede ist, profitiert dabei nach allen Marketinggesetzen. So war es. Die SP machte ein gutes Wahlresultat.

Stichs Geschichte ist ein Auf und Ab. Mit einem Happyend. Seine Wahl zum Bundesrat löste eine Parteikrise aus. Er war kein Wunschkind der SP gewesen. Was ist aus ihm geworden? Lesen wir den Tages-Anzeiger vom 10.1.2007: ‹Stich wurde im eigenen Lager zu einem der populärsten und im gegnerischen zu einem der bestgehassten Politiker.›

Jean Ziegler – der Unbequeme aus Genf

Hans-Jürgen Wischnewski, deutscher Politiker, kannte sich in der arabischen Welt und Politik wie kein Zweiter aus. Man nannte ihn deshalb ‹Ben Wisch›.

1979 war ein deutsches Passagierflugzeug nach Mogadischu, Hauptstadt von Somalia, entführt worden. Wischnewski leitete die Befreiungsaktion. Deutsche Soldaten der Spezialeinheit G 9 standen unter seinem Kommando. Der Erfolg machte den späteren Minister berühmt.

Eines Tages rief mich Wischnewski an: «Könntest du Jean Ziegler im Büro der Sozialistischen Internationale (SI) nicht auswechseln?» – «Warum denn?» – «Ach, der Ziegler benimmt sich unmöglich. Das geht so nicht mehr.»

Das Büro der SI ist der Vorstand. Und zählt bis zu 120 Mitglieder. Jean Ziegler vertrat dort die SP Schweiz. Ich als Parteipräsident nahm mir dafür sporadisch Zeit. Wenn die Sitzungen in Europa und nicht in Japan, Australien oder Südamerika abgehalten wurden.

Vorsitzender der SI war damals Willy Brandt. Ihn verständigte ich über den Anruf Wischnewskis. «Lass ihn im Büro», sagte Brandt, «Ziegler tut verschiedenen Koryphäen gut. Er stört ihren Gottesdienst und ist deshalb unbequem.»

1976 veröffentlichte Jean Ziegler sein erstes Buch: ‹Eine Schweiz, über jeden Verdacht erhaben›. Es schlug wie eine Bombe ein. Noch nie waren die Grossbanken so unerbittlich kritisiert worden. Ziegler warf ihnen vor, das Bankgeheimnis zu missbrauchen: «Sie verbreiten den Mythos der Übereinstimmung ihrer Plünderungs- und Hehlerstrategie mit den nationalen Interessen des Volkes.» Das Buch liest sich wie ein Krimi. Die Schurken sind korrupte Diktatoren und Regierungschefs der Dritten Welt, die ihre Völker bis aufs Blut aussaugen und die gestohlenen Millionen im Banksafe an der Bahnhofstrasse in Zürich verstecken. Unter dem Schutz des Bankgeheimnisses.

Ihre Helfershelfer waren für Ziegler die Schweizer Banken. Es gab für sie noch keine Auflagen gegen schmutziges Geld aus dem Drogen- und Mafiageschäft.

Nikolaus Senn, damals Boss der grössten Bank, der Schweizerischen Bankgesellschaft, versuchte, mir seine Unschuld nachzuweisen: «Da kommt ein Amerikaner an den Schalter, weist sich als Bürgermeister einer Stadt aus und will zwei Millionen Dollar anlegen. Ein Bürgermeister ist für uns nach hiesiger Ansicht ein Ehrenmann. Also kommt das Geschäft zustande. Erst später vernehmen wir, der ‹Bürgermeister› sei gar kein Ehrenmann gewesen und habe schmutziges Geld gebracht. Wie hätten wir das wissen sollen?»

Die Banken taten also ahnungslos. Sie hatten sich um die Herkunft des Geldes ja auch gar nie gekümmert. Denn als Devise galt: ‹Geschäft ist Geschäft› oder noch etwas burschikoser: ‹Geld stinkt nicht›.

Genau diese Politik prangerte Jean Ziegler an. Er warf den Banken vor, sie machten sich mitschuldig am internationalen Verbrechen, an der Armut in den Drittweltländern. Das schweizerische Bankgeheimnis diene zum Schutz von Kriminellen. Die Schweiz verkomme zur Hausbank der Mafia.

Die spätere Bundesanwältin Carla del Ponte zog dieselben Konsequenzen. In der Sicherheitspolitischen Kommission des Nationalrats hämmerte sie uns mehr als einmal in den Kopf: «Das internationale Verbrechen stellt heute für die schweizerische Wirtschaft eine grosse Gefahr dar. Schmutziges Geld wird in Firmen investiert, ohne dass wir das erkennen. So unterläuft die Mafia Aktiengesellschaften.»

Jean Ziegler wurde als Nestbeschmutzer diffamiert. Als einer, der im Ausland unsere Schweiz schlecht mache. Der ins eigene Nest scheisse. Statt darüber nachzudenken, ob Zieglers Anklage vielleicht doch nicht einfach frei erfunden sei wie ein böses Märchen, wurde die patriotische Keule geschwungen. Ziegler galt als ein Verräter.

Nationalrat James Schwarzenbach entschied sich in der Sommersession 1976 für die politische Hinrichtung: «Herr Ziegler würde, lebte er im Osten, zu Recht als schizophren erklärt und in eine psychiatrische Klinik eingeliefert.»

So verfuhr der sowjetische Geheimdienst bekanntlich mit Dissidenten. Das schien Schwarzenbach imponiert zu haben. Demokraten reden nicht so. Schwarzenbachs Buch ‹Dolch oder Degen› demaskierte ihn. Darin sympathisierte er mit der faschistischen Diktatur von General Franco in Spanien, dessen Geburtshelfer Hitler und Mussolini gewesen waren.

James Schwarzenbach wurde berühmt-berüchtigt. 1970 wollte er mit seiner Volksinitiative die Hälfte der Italiener aus der Schweiz ausweisen.

SVP-Nationalrat Ulrich Schlüer war sein Sekretär. Schwarzenbachs rechte Hand sozusagen. Man merkt es ihm noch immer an.

Viele Rechtsbürgerliche schreckten vor nichts zurück. Ziegler war bei ihnen total in Ungnade gefallen. Sie hielten ihn für verrückt oder für einen Kommunisten. Beides hätte, meinten sie, zu ihm gepasst.

«Moskau einfach» wurde billig angeboten. Es genügte schon, einen Rüstungskredit abzulehnen oder AKW-Gegner zu sein, um in den Verdacht zu geraten, dahinter stünde Moskau. Die Kommunisten also. Bei Ziegler zweifelten viele von der politischen Rechten keinen Moment, dass er kein richtiger Schweizer, sondern ein Anhänger des Sowjetkommunismus sei. Eine Schande für die Schweiz. Sie empfanden es wohl schon als Zumutung, mit ihm im Nationalrat sein zu müssen. Weshalb ihn die Genfer Stimmberechtigten überhaupt wählten, war ihnen schleierhaft.

Man kann sich diese Stimmung heute kaum mehr vorstellen. Es war die Zeit des Kalten Krieges. Unsere Generäle erwarteten ständig den militärischen Angriff aus dem Osten. Von der Sowjetunion also. In sämtlichen Gefechten und Manövern der Armee war dies das Szenario: Angriff aus dem Osten. Wer daher mit Sowjetkommunisten sympathisierte, galt als Verräter. In den Verdacht, es zu sein, gerieten unbequeme Frauen und Männer, Linke und Linksliberale, kurz: solche, die nicht in der geistigen Achtungsstellung mitmachten.

1977 geschah das Unmögliche. Die Schweizerische Kreditanstalt, heute Credit Suisse, geriet in die Schlagzeilen der Weltpresse. Stichwort ‹Chiasso-Skandal›. Was war passiert?

Die zweitgrösste Schweizer Bank hatte sich erstens auf das Geschäft der Steuerflucht spezialisiert. Im Hotel ‹Savoy› in Mailand besprachen sie mit reichen Italienern die Steuergeld-Fluchtpläne. Zweitens etablierte sich die Kreditanstalt als Waschanstalt. Gewaschen wurden schmutzige Gelder aus dem Mafia- und Drogenmilieu. ‹Chiasso› war die Illustration zu Zieglers Buch.

In der Bankfiliale Chiasso beschäftigte die Kreditanstalt bis zu 320 Angestellte. Die Schwarzgelder aus Italien brachte ein als Gemüsehändler getarnter Zuhälter. Die Geldscheine lagen unter den Rüebli, dem Spinat, Kohl und Kabis. Bekanntlich jedoch wird schmutziges Geld beim Waschen immer dreckiger. Die Machenschaften der Kreditanstalt flogen demnach auf, und zurück blieben ein paar Milliarden Verlust. Die Gelder waren in dubiosen Anlagegeschäften ‹verschwunden›.

Im Bundeshaus löste der Skandal politische Alarmstimmung aus. In Chiasso war an den Tag gekommen, was die Banken stets bestritten hatten: das Geschäft mit dem schmutzigen Geld, mit dem internationalen Verbrechen.

Die Banken mussten handeln. Sie verordneten sich selbst die so genannte Sorgfaltspflicht. Die Kontrolle, woher Geld, das ihnen überbracht wird, stammt. Diese freiwillige Selbstkontrolle wurde später vom Geldwäschereigesetz abgelöst. Wer kriminelle Millionen hinter dem Bankgeheimnis versteckt, macht sich strafbar.

Es wäre wohl vermessen anzunehmen, alles sei seither in bester Ordnung. Die absolute Willkür jedoch, der Persilschein für Banken, jedes auch noch so dreckige Geschäft ungeschoren abschliessen zu können, diese herrlichen Zeiten sind für sie vorbei.

Die internationale Kriminalität hat sich in der Karibik oder sonstwo auf exotischen Kleininseln etabliert. Aber Zieglers Buch liest sich auch heute noch wie ein Tatsachenroman.

Der Genfer SP-Nationlrat handelte auch anderweitig unorthodox. Das erfuhr zum Beispiel die Sozialistische Internationale.

Das SI-Büro tagte 1982 in Basel. Die SP Schweiz war Gastgeber. Nur ungern. Warum das? Weil damit Kosten verbunden waren. Es war üblich, dass ein Gastgeber das Essen der Delegierten übernahm. Darunter befanden sich regelmässig Minister oder Ex-Minister, VIPs also, deren Sicherheit zu schützen war.

Die Basler Polizei verfügte, die SI-Delegierten seien im Hotel ‹Hilton› unterzubringen. Dort seien sie am sichersten.

Drei Hauptmahlzeiten in diesem Hotel für etwa 120 Leute hatten ihren Preis. Im Ausland tagte das SI-Büro nur in Städten mit einer roten Mehrheit. Die buchten die SI-Tagung unter Tourismuswerbung ab. Anders bei uns.

Eines stand fest: Aus der Parteikasse durften wir die Verpflegungskosten nicht finanzieren. Also musste ich als Parteipräsident auf Sponsorensuche. Eine Einladung übernahm die Stadt Basel, eine der verstorbene Karl Schweri von der Denner AG, den ich jetzt nennen darf. Einer bleibt noch geheim. Jede Einladung kostete ungefähr 15 000 Franken.

Neben dem Kulinarischen sorgte Jean Ziegler für eine Surprise. Er traf mit Yassir Arafat ein. Damals galt der PLO-Chef eher als Terrorist denn als willkommener Gast. Auch in den Reihen der SI-Büromitglieder löste der Besuch Ärger aus. Nicht bei allen, aber bei vielen.

Jean Ziegler fand, der Konflikt Israel-Palästina könne statt mit den Waffen nur politisch, am Verhandlungstisch, gelöst werden. Yassir Arafat war damals der Repräsentant des palästinensischen Volkes. Wenn nicht die Linken, die Sozialisten, wer denn sonst sollte den ersten Schritt auf ihn zu machen?

Arafat war auch in Israel eine Unperson. Bis Ytzhak Rabin von der Arbeiterpartei Regierungschef wurde. Als erster israelischer Premier nahm er mit Arafat Verhandlungen auf. Mit der überlieferten Begründung: «Wer Frieden will, muss mit dem Feind reden.»

1994 erhielten Rabin, Arafat und Shimon Peres, damals Israels Aussenminister, den Friedensnobelpreis zugesprochen. Im Jahr darauf schoss ein israelischer Rechtsextremist Rabin auf einer Kundgebung nieder. Mit ihm wurde der Friedensprozess zu Grabe getragen. Es ist bisher nicht mehr gelungen, ihn wieder aufzunehmen.

Zieglers Herkunft wurde von seinen Gegnern gerne als Vorwurf benutzt. Sein Vater war Oberst und Direktor der Militärversicherung. Dazu ein Freisinniger. «Und dann so ein Sohn!», hörte man oft den unausgesprochenen Tadel.

Hans Ziegler, so sein Taufnahme, liess sich in Genf nieder. Als Jean. Das tönt auf Französisch halt wirklich schöner. Den Deutschschweizer merkt man ihm immer noch an. Ziegler redet das typisch eidgenössische Französisch. Behäbig. Da ist viel vom Hans geblieben.

Jean Ziegler ist für die SP nie ein bequemer Genosse gewesen. Das ist ja einerseits das Merkwürdige, anderseits das Faszinierende an ihm. Der gnadenlose Ankläger gegen die Politik der Banken ist persönlich feinfühlig, liebenswürdig, zurückhaltend, im Auftritt sogar etwas scheu. Ich kenne kaum einen hilfsbereiteren Politiker als Jean.

Er hat die SP nie unter politischen Heimatschutz gestellt. Im Gegenteil. Konservative Linke mochten ihn so wenig leiden wie Rechte. Sie nahmen ihm Aussagen wie: «Die SP ist verkommen, und noch verkommener sind die Gewerkschaften» übel.

Auch beim grössten Wohlwollen für Ziegler wird daraus kein Kompliment. Hinter derart unflätiger Kritik steckte seine Ungeduld mit unserem System, in dem halt auch die SP steckt. Ein System, mit dem für seine Begriffe die SP zu stark verzahnt ist.

Es fehlte nicht an Mahnungen an mich als Parteipräsident, «den Ziegler endlich mal zurückzupfeifen». Der Unbequeme ist ein politisches Unikat. Ein Unikat jedoch ist nur als Ganzes zu haben. Das heisst, Jean Ziegler ist, wie er ist. Ich erklärte den Ungehaltenen stets, «ein Ziegler ist für diese Partei ein Glücksfall. Drei oder vier Ziegler wären wahrscheinlich nicht zum Aushalten.» Der Mahner aus Genf hat also nicht nur die Banken attackiert, sondern auch uns in der SP geweckt, herausgefordert, auf den Prüfstand gestellt. Ich meine, dieser Sauerteig mit so viel Gärstoff täte jeder Partei gut.

Ziegler war für mich auch ein Demokratietest.

Wie viel Kritik, wie viel Widerspruch, wie viel Toleranz erträgt die SP? Was sind die hehren Worte über die freie Meinung in der Praxis wert? Bei ihm war eines immer spürbar: Mochten einen seine wüsten Worte über die eigene Partei noch so sehr aufregen – so redet nur einer, der sie liebt. Der einfach von ihr mehr erwartet. Und, auch das sei gesagt, der von ihr oft allein gelassen wurde.

Zieglers zentrales Thema ist das Nord-Süd-Problem. Das Verhältnis der reichen zur armen Welt. Die Sorge, wann endlich diese Dritte Welt nicht mehr ausgebeutet wird, nicht mehr hungert, nicht mehr im Elend darben muss.

Er hat sein Wissen nicht an der Hochschule erworben. Ziegler ist ‹im Feld› geprägt worden, von dem, was er in Afrika, in Südamerika gesehen hat.

Er hat erkannt, analysiert und die Schlussfolgerungen gezogen. Aus dem, was schon Helmut Schmidt «Raubtierkapitalismus» genannt hat. Der ehemalige deutsche Bundeskanzler liegt politisch alles andere als auf Zieglers Linie. Aber er stellt der globalen Gier den gleichen Krankenschein aus wie der Schweizer Rebell.

Für Jean Ziegler beschränkt sich die SP zu sehr auf die Innenpolitik. Sie macht für seinen Bedarf viel zu wenig gegen diese zum Himmel schreienden Missstände. Das bestimmt dann auch sein Verhalten.

1983 passierte Unerwartetes. Ziegler wurde als Nationalrat nicht wiedergewählt. Das traf ihn hart. Er hatte nicht nur gegen die halbe Schweiz, gegen die politische Rechte und ihre Hochfinanz gekämpft, nun liessen ihn auch seine Wähler im Stich. Das tat weh.

Ziegler suchte ein schützendes Dach. Nestwärme wohl. Er kandidierte für die Geschäftsleitung der SP Schweiz. Und wurde problemlos gewählt. Die Delegierten gaben ihm mehr als ihre Stimme. Ihre Zuneigung. Das tat gut.

Der Pflichtsitzungsmarathon jedoch war nicht Zieglers Leidenschaft. Er setzte stets andere Prioritäten. Wir sahen ihn an den GL-Sitzungen selten. Vor der Wiederwahl nach zwei Jahren schrieb ich ihm, er werde wohl kaum mehr kandidieren.

Antwort kam keine. Aber von da an erschien unser Freund zu jeder Sitzung – und wurde unter Jubel wiedergewählt.

Und machte sich dann wieder rar.

Er schwänzte nicht grundlos. Statt an die GL-Sitzung fuhr er, um ein Beispiel zu nennen, nach Wien. Zu einem Vortrag im Karl-Renner-Institut der SP Österreich. Zu einer Vorlesung in der Sorbonne-Universität Paris. Zu einer Talk Show im ZDF. Zu einem Termin in Havanna, um Fidel Castro auf den Pfad der sozialistischen Tugend zurückzuführen. Letzteres erfolglos, wie er analysierte.

Jean Ziegler war unterwegs als Helfer und Aufklärer in der Dritten Welt, als Ausbildner von Studenten da und dort. Ja, und daneben lehrte er als Professor an der Universität Genf.

Das Sorgenkind Zieglers hiess und heisst Afrika. Dort hat er früh Anschauungsunterricht bekommen, wie ein ganzer Kontinent vom Profitdenken Fremder beherrscht wird. Afrika ist sein Lehrbeispiel. England, Frankreich, Holland, Belgien, Deutschland besassen dort Kolonien, die nach dem Zweiten Weltkrieg politisch unabhängig geworden waren. Dafür verloren sie ihre ökonomische Selbständigkeit.

Afrika verfügt über immense Rohstoffe. Diese Ressourcen werden durchwegs von ausländischen Konzernen ausgebeutet. Die Gewinne bleiben nicht im Land. Afrikanische Politiker, Regierungschefs, Machthaber werden mit Schmiergeldern gekauft, das heisst korrumpiert. Die grosse Masse der Menschen hingegen schaut ins Elend.

Jean Ziegler hat dazu ein neues Buch geschrieben: «Das Imperium der Schande – Der Kampf gegen die Armut und Unterdrückung». Er zieht darin Bilanz: «Hunger und Elend sind schlimmer als je zuvor. Eine neue Klasse von Feudalherrschern, die Kosmokraten der grossen Konzerne, masst sich an, der Welt ihr Gesetz aufzuzwingen. Ihre Profitgier ist grenzenlos und steht den elementarsten Interessen der Menschen entgegen.»

Dreissig Jahre nach dem Klassiker der über jeden Verdacht erhabenen Schweiz stellte Ziegler das neue Buch bei Lesungen vor. Der 72-Jährige engagierte sich wie eh und je, mit seinem Charisma aus Leidenschaft, Überzeugung und Herzblut. Die Frauen und Männer quittierten den Ziegler-Abend in Basel mit stehendem Beifall. «Dass es noch solche Politiker gibt, ist wunderbar», meinte eine junge Frau.

1987 schaffte der Unbeugsame das Comeback in den Nationalrat.

Die Bürgerlichen hatten ihn wieder, ihren Antipoden, ihren heimlichen Kommunisten. Ich habe nie begriffen, weshalb sie dem Kommunisten so viel Ehre erwiesen haben. Hätten sie Zieglers Streitgespräch mit einem führenden Kommunisten der Sowjetunion, das als Taschenbuch erschienen war, gelesen, sie wären beschämt gewesen. Der Genfer rechnete mit dem Kommunismus genau so unerbittlich ab wie mit dem Kapitalismus. Jede Diktatur, ob eine rechte oder linke, ist für Ziegler ein Horror.

Schweizer Politiker sind im Ausland unbekannte Wesen. Sogar Bundesräte. Nur einer machte draussen in der Welt Schlagzeilen: Jean Ziegler. Er war mit Abstand der bekannteste Schweizer Politiker über unsere Grenzen hinaus.

UNO-Generalsekretär Kofi Annan hat ihn zum Sonderberichterstatter für das Recht auf Nahrung ernannt. Das ist wie im Märchen. Der im eigenen Land Verfemte rückt zum Weltdiplomaten auf und steht weiterhin im Einsatz gegen Hunger und Not auf dieser Welt. Nur jetzt für die UNO. Für die grösste Weltorganisation. Eine Ehre für ihn. Und für die Schweiz.

Jean Ziegler erlitt Blessuren wie kaum ein Zweiter. Er hat nie aufgehört, das kapitalistische System anzuklagen, zum Kampf gegen Unrecht aufzufordern. Er schreibt, auch als UNO-Sonderberichterstatter, weiterhin Bücher. Es gibt keine Ruhe vor ihm.

Zum Schluss ein Zitat. Und zwar aus der deutschen Krimiserie ‹Pfarrer Braun›: «Das Bankgeheimnis ist das Beichtgeheimnis des Kapitals.» Es könnte von Jean Ziegler sein.

Die erste Bundesrätin gestolpert

Es waren turbulente Tage im Bundeshaus. Ausgerechnet die erste Frau im Bundesrat musste vorzeitig zurücktreten. Ein Rücktritt – das passiert bei uns nur alle hundert Jahre einmal. Zum letzten Mal im 19. Jahrhundert.

Am 14. Januar 1989 verabschiedete sich Bundesrätin Elisabeth Kopp von ihren sechs Kollegen und vom Mitarbeiterstab.

Flavio Cotti erzählte mir fassungslos, was sie zu ihm gesagt hatte: «Was habe ich damit meinem Hans angetan!»

Im Nachhinein betrachtet stand ihre Wahl 1984 unter einem ungünstigen Stern.

Sie war zur Not die ideale Fehlbesetzung gewesen.

Ein Jahr vor ihrer Wahl schon hatten die Bürgerlichen die Weichen gestellt. Und zwar falsch, wie man heute weiss. Nach rechts statt nach links. Sie weigerten sich, die SP-Frau Lilian Uchtenhagen als erste Bundesrätin zu unterstützen. Mit dem Anspruch der FDP, sie sei historisch legitimiert, die erste Bundesrätin zu haben.

«Wir haben diesen Bundesstaat gegründet», gab Ernst Mühlemann den Tarif durch. «Es ist an uns, die erste Bundesrätin zu stellen.» Gewählt wurde deshalb Otto Stich.

Damit blieb der Stuhl für die erste Bundesrätin vorerst unbesetzt. Bei nächster Gelegenheit, so die Freisinnigen, werde sich das ändern.

Zehn Monate nach dem bürgerlichen Njet zu Lilian Uchtenhagen trat völlig unerwartet FDP-Bundesrat Rudolf Friedrich zurück. Nach erst 22 Monaten im Bundesrat.

Damit hatte nun wirklich niemand gerechnet.

Rudolf Friedrich machte gesundheitliche Gründe geltend. Willi Ritschard hat immer gesagt, Friedrich sei ein einsamer Wolf. Ohne Empfangsantenne und ohne Sender. Er habe sich im Bundesratskollegium ausgesprochen unwohl gefühlt. Auffallend dabei: Heute ist er purlimunter. Wie auch immer: Die FDP war von diesem Rücktritt auf dem rechten Fuss kalt erwischt worden.

Die Partei stand im Wort, bei der nächsten Vakanz eine Frau zu nominieren. Nun musste sie das Versprechen einlösen. Allerdings unter anderen Umständen, als sie es sich vorgestellt hatte. Viel früher als gedacht.

Das Unvorhergesehene war passiert. Die Katastrophe, wie sich nachträglich herausstellte.

Die FDP-Fraktion war damals ein Männerverein. Mit drei Alibifrauen. Darunter Nationalrätin Kopp. Beim Umsehen, wer noch als Bundesratskandidatin in Frage käme, schauten die freisinnigen Talentsucher ins Leere. Neben Lili Nabholz (zu jung) und Cornelia Füeg (falscher Kanton) weit und breit nur Herren. Und Elisabeth Kopp brachte lediglich vier Jahre Parlamentserfahrung mit. Aufgefallen war sie dabei nicht, jedenfalls nicht etwa unangenehm. Sie arbeitete fleissig, beherrschte den Benimm-dich-Knigge perfekt. Wie eine Musterschülerin. Die sie schon im Gymnasium gewesen sein soll. Ein bisschen zeigte sie Verständnis für Umweltanliegen. Das bisschen war für freisinnige Verhältnisse schon viel. Das reichte, Kopp als die Grüne des Freisinns zu etikettieren. Ich schrieb sogar mal, sie habe in ihrem politischen Profil ‹einen leichten Grünstich›.

Gerade aus dem Vollen konnte die FDP also nicht schöpfen. Und zu allem Elend gab es nun auch noch Zoff. Frau Kopp dürfe nicht Bundesrätin werden, erklärte öffentlich der Luzerner Stadtpräsident Hans-Rudolf Meyer. Ihr Mann sei ein zu grosses Sicherheitsrisiko, meinte er. Das Pikante daran: Stadtpräsident Meyer sass bis 1979 für die FDP im Nationalrat, und der Vater von Hans W. Kopp war vor ihm Stadtpräsident in Luzern gewesen.

Er kenne die Familie Kopp, so Meyer. Das klang wie eine Drohung. Die Zürcher Anwaltskammer habe nämlich Hans W. Kopp zeitweise das Anwaltspatent entziehen müssen, begründete Hans-Rudolf Meyer seine Zweifel. Zudem sei Kopp in der Armee als Kommandant des Bataillons 45 abgesetzt worden.

Und Schriftsteller Niklaus Meienberg ergänzte mit noch Anrüchigerem: Kopp habe seiner Sekretärin das blutte Füdli verhauen oder gestreichelt ... Wie auch immer – nach den Standesregeln gehörte sich das für einen Anwalt nicht unbedingt. Das sei «ein Blödsinn gewesen», gab Kopp später zu.

Dabei begann alles so schön. Die junge Elisabeth hat als Eiskunstläuferin geglänzt. Ihr Hans avancierte als Anwalt früh zu einer grossen Nummer. In seiner Kanzlei arbeiteten bis zu dreissig Juristen. Sie lernen sich an einem Kongress kennen. Und beide sind seither unsterblich verliebt.

Hans W. Kopp hatte mal einen guten Namen. Bundesrat Willi Ritschard z.B. holte ihn als Präsident einer Expertenkommission für Medienfragen. Und ich erinnere mich an Max Frisch, der 1973 zwei Dutzend Politiker und einige Kulturschaffende in den ‹Weissen Wind› im Zürcher Niederdorf geladen hatte. Es ging um die Meinungsfreiheit. Um das freie Wort in der Schweiz. Max Frisch appellierte an uns, mehr dafür zu tun. «Wir alle hier sind privilegiert», begann er. «Wir können es uns leisten, zu sagen, was wir denken. Das können nicht alle. Entweder riskieren sie Kopf oder Kragen, Beruf oder Karriere. Wir nicht. Also reden wir für sie stellvertretend.»

Eingeladen waren Linke und Linksliberale. Für die FDP waren es Hans W. Kopp und Cornelia Füeg, später Solothurner Regierungsrätin.

Die «Schlammschlacht», wie Elisabeth Kopp das öffentliche Gerede um ihren Mann zu entschärfen versuchte, veranlasste die FDP Kanton Zürich zum Handeln. Ihr Ständerat und Strafrechtsprofessor Riccardo Jagmetti wurde beauftragt, abzuklären, was an den Vorwürfen dran sei oder eben nicht. Sein Befund: Alles in Ordnung. Hans W. Kopp bekam einen Persilschein ausgehändigt, und der Wahl von Elisabeth Kopp stand nichts mehr im Weg.

FDP-Fraktionschef Ulrich Bremi jedoch traute dem Ganzen nicht. Er ging davon aus, da sei nach dem Prinzip Wunschdenken geschönt worden. Der schlaue Bremi suchte und fand den Ausweg: Elisabeth Kopp ‹plus›. Das hiess, die Frau wurde nominiert, wie versprochen, aber nicht allein: mit ihr noch Nationalrat Bruno Hunziker, damals Parteipräsident.

Viel später gestand mir Bremi: «Ich habe gebetet, dass Hunziker gewählt wird. Aber ihr von der SP habt Kopp gewählt.» Das stimmte. Für uns hatte die Frau Vortritt.

Die erste Bundesrätin übernahm das Justizdepartement. 1988 geriet sie in Bedrängnis. Ihr Mann geschäftete offenbar mit Partnern, die nicht im besten Ruf standen. Immer ging es um Geld. Viel Geld. Zum Beispiel bei der so genannten Trans-K-B-Affäre. Oder als Verwaltungsrat der Shakarchi Trading. Diese Firma geriet in den Verdacht, in Drogen- und Geldwäschereivergehen verwickelt zu sein. Elisabeth Kopp rief ihren Hans an und bat ihn, diesen Verwaltungsrat ultimativ zu verlassen. Was er auch tat.

Jede Ehefrau oder Partnerin hätte das Gleiche getan. Hätte ihren Allerliebsten gewarnt.

Der Anruf wurde für die Bundesrätin zum Stolperstein.

Zuerst bestritt sie, ihrem Mann telefoniert zu haben. Der Verdacht verdichtete sich, das stimme nicht. Es wurde ein Sonderstaatsanwalt eingesetzt, die Sache zu untersuchen. Warum das ‹Gschiss› wegen einem Telefonat? Es bestanden Zweifel, ob Bundesrätin Kopp die Wahrheit gesagt hatte. Sollte sich nämlich herausstellen, dass sie aus ihrem Departement Unterlagen besass, nach denen sie es für geraten hielt, ihren Ehemann aus dem Verwaltungsrat der Shakarchi AG zurückzupfeifen, wäre das eine Verletzung des Amtsgeheimnisses gewesen. Elisabeth Kopp hätte vertrauliche Akten für persönliche Zwecke missbraucht. Missbraucht, um ihrem Mann zu helfen. Um ihm private Vorteile zu verschaffen. Damit hätte sie sich strafbar gemacht.

Der Sonderstaatsanwalt fand genau diesen Tatbestand heraus. Die persönliche Mitarbeiterin von Bundesrätin Kopp war von ihr angewiesen worden, Hans W. Kopp aus den vorhandenen Unterlagen darzulegen, weshalb er aus dem Verwaltungsrat zurücktreten müsse.

Die Justizministerin war in die eigene Falle getappt.

Weshalb, das fragt man sich noch heute, spielte sie nicht mit offenen Karten? Mit den Worten etwa, «natürlich habe ich meinen Mann vor der Firma Sharkarchi Trading AG gewarnt. Ich musste das tun, um auch mein Amt, um den Bundesrat, um das Justizdepartement zu schützen».

Wahrscheinlich wäre sie dafür gerüffelt worden. Es hätte eine lange Diskussion gegeben, ob eine Bundesrätin das hätte tun dürfen oder unterlassen müssen. Aber ein Rücktritt wäre daraus kaum geworden.

Indem Elisabeth Kopp jeglichen Telefonanruf abstritt und später ihr Wissen aus Departementsakten vorest leugnete, machte sie sich unglaubwürdig. Sie gab immer nur zu, was man ihr beweisen konnte. Vertraute von ihr erklären, sie habe ihren Hans schützen wollen. Das würde bedeuten, sie traute ihm dubiose Machenschaften beispielsweise in der Firma Shakarchi AG offensichtlich zu. Vielleicht war das ihre grosse Angst gewesen.

Von ihren Herren Kollegen im Bundesrat durfte Elisabeth Kopp weder Beistand noch Verständnis erwarten. Zumal überliefert ist, sie habe sich völlig uneinsichtig gezeigt. Sie versuchte sogar einen perfiden Befreiungsschlag und wollte die Schuld ihrer Mitarbeiterin anhängen. Damit verschlimmerte die Bundesrätin ihre Lage.

Sie tat das nicht, was allein geholfen hätte: souverän zu sein, statt abzustreiten.

So kam es, wie es kommen musste. Die erste Frau im Bundesrat trat am 12. Januar 1989 vorzeitig von ihrem Amt zurück. Reumütige Freisinnige gingen in sich: «Hätten wir Uchtenhagen statt Stich gewählt, wäre uns der Fall Kopp erspart geblieben.»

Am Sonntag vor dem für die Nation überraschenden Abgang fand im Fernsehen eine Diskussion über den ‹Fall Kopp› statt. Für die FDP nahm daran Nationalrätin Susi Eppenberger teil. «Jetzt darf ich als Fraktionsvize auch mal ins Fernsehen», schimpfte sie. «Sonst geht immer Bremi selber.»

Ulrich Bremi fehlte bei der Fernsehdebatte, weil er beim Ehepaar Kopp einen unangenehmen Auftrag zu erledigen hatte. Er brauchte Stunden, bis Frau Kopp einsah, dass der Rücktritt unausweichlich geworden war. Hans W. Kopps Einsicht widersetzte sich dem Unvermeidlichen noch einige Stunden länger. Das war verständlich, war sein Anteil an diesem traurigen Ende doch massgeblich gewesen. Das einzusehen, überforderte wohl seinen Klassendünkel. Er hätte ja vor sich selber kapitulieren müssen. Hans W. Kopp schlug den für ihn passenden Ausweg ein: Sein Gewissen war rein, er benutzte es nicht.

Nachfolger von Elisabeth Kopp im Bundesrat wurde Kaspar Villiger.

Es sollten neun Jahre verstreichen, bis bei einem neuen Anlauf wieder eine Frau in den Bundesrat gewählt wurde: Ruth Dreifuss.

Eigentlich wäre damit das Kapitel Elisabeth Kopp abgeschlossen.

Nun wird das Ganze nochmals aufgewärmt.

Zum 70. Geburtstag der tragischen Heldin wurde ein Film gedreht: ‹Elisabeth Kopp – eine Winterreise›. Am 26. Januar 2007 wurde er an den Solothurner Filmtagen gezeigt. Als Zeitdokument für die älteren Generationen, als Lehrstück für die seither Geborenen.

Das Politdrama wird mit Archivaufnahmen dokumentiert. Dazwischen schildert die 70-jährige Protagonistin das Geschehen rückblickend. Ihr maskenhafter Auftritt ist fast gespenstisch. Sie sieht den Ablauf noch genau gleich wie damals. Deutlicher denn je spielt sie die Rolle des Opfers. So dass man sich fragt, weshalb um Gottes willen musste eigentlich diese Frau zurücktreten? Wegen dieses blöden Telefonats? Oder weil sie eine Frau war? Natürlich, da liegt der Hase im Pfeffer. «Ein Mann hätte für das gleiche ‹Vergehen› niemals den Hut nehmen müssen», bedrängte mich schon früher eine gute Bekannte. Um noch einen draufzugeben: «Wenn ich sehe, was sich Blocher als Justizminister erlaubt, ist der Fall Kopp geradezu lächerlich.» Das mag sein. Nur ist Blocher ein hochkarätiger Politiker. Elisabeth Kopp dagegen mit ihrem Homme fatal fehlte halt doch das nötige Format.

Sie entlarvt sich im Film selber.

Die Frage wird angesprochen, weshalb Elisabeth und Hans W. Kopp Prämienverbilligungen für die Krankenkasse bekommen. Vom Staat, um genau zu sein. Sie erklärt, sie sei dazu berechtigt, weil sie Hypothekarschulden habe. Die Frau bezieht 202 395 Franken Bundesratsrente.

Verbilligungsbeiträge für die Krankenkasse sind im Gesetz für Versicherte mit ausgesprochen kleinen Einkommen vorgesehen. Niemals jedoch für eine alt Bundesrätin. Elisabeth Kopp geniert sich nicht, einen Rechtsanspruch auf diese Verbilligungsbeiträge anzumelden. Da fehlt es eindeutig an Gespür und Anstand.

Nach Kopps Rücktritt folgte das dicke Ende erst noch. Unmittelbar nach Kopps Demission rief mich der damalige Bundeshausjournalist Frank A. Meyer an. Er hatte einen Plan und das Drehbuch dazu parat.

Ich hielt mich als SP-Parteipräsident exakt daran: Die Partei- und Fraktionspräsidenten der vier Bundesratsparteien wurden zu einer Krisensitzung eingeladen. Mit dem Antrag, das Drum und Dran im ‹Fall Kopp› von einer PUK, einer Parlamentarischen Untersuchungskommission, abklären zu lassen. Als Präsident schlug ich Nationalrat Moritz Leuenberger vor. Wir einigten uns schnell. Später stimmten National- und Ständerat der ‹PUK Kopp› zu.

Die Umstände, die zum Fall der Bundesrätin geführt hatten, interessierten bald nur noch in zweiter Linie. Ihr wurde – bis auf die Telefonaffäre – eine korrekte Amtsführung attestiert. Und auch Jahre danach konnte das Bundesgericht der Shakarchi Trading AG weder Drogen- noch Geldwäschereigeschäfte nachweisen.

Die PUK landete dennoch einen Coup: den wohl grössten staatspolitischen Skandal überhaupt. Ein Eklat, der unsere Demokratie bis in ihr Innerstes erschütterte:

Die PUK drang in die Dunkelkammer der Bundespolizei ein, durchleuchtete sie und fand Leichen in ihrem Keller. 900 000 Frauen und Männer waren über Jahre hinweg von der Bundespolizei observiert, fichiert und archiviert worden. Das Ungeheuerliche ging als Fichenskandal in die Annalen ein.

In den vier Nachkriegsjahrzehnten herrschte Kalter Krieg. Der Feind sass in Moskau. Wer sich in der ältesten Demokratie, genannt Schweiz, irgendwie verdächtig aufführte, galt als subversiv. Als eine oder einer, die es mit der Schweiz nicht gut meinten. Die überwacht werden mussten. Dazu zählten Linke, Linksliberale, Gewerkschafter, Friedensfrauen, AKW-Gegner, Medienschaffende, Feministinnen, Vietnamkriegsgegner und so weiter. So läpperten sich die angeblich Subversiven auf 900 000 Karteikarten zusammen. Bei damals nicht einmal 7 Millionen Einwohnern.

So viel Schnüffelstaat überstieg alles, was kritische Zeitgenossen für möglich hielten. PUK-Präsident Moritz Leuenberger hatte drei ‹Jagdhunde› auf Spurensuche geschickt: Christoph Lanz, heute Sekretär des Ständerats; Alexander Tschäppät, heute Stadtpräsident von Bern; Niklaus Oberholzer, heute Oberrichter in St. Gallen. Diesen drei gebührt der ganz spezielle Dank der Republik.

Mit dem Fichenskandal ist ein trübes Kapitel Nachkriegsgeschichte aufgedeckt und noch immer nicht restlos verarbeitet worden. So betrachtet erwies sich der Rücktritt von Elisabeth Kopp beinahe als ein Glücksfall. Ohne diesen lebten wir in der Illusion, der Fichenskandal hätte zur DDR gepasst, niemals jedoch zur Schweiz. Wir würden schwören, so etwas sei bei uns schlicht und ergreifend unmöglich.

Ignazio Silone, italienischer Schriftsteller, Antifaschist und Emigrant in der Schweiz, meinte mal: «Man muss die Welt so nehmen, wie sie ist, aber nicht so lassen.»

Das hat uns der ‹Fall Kopp› gelehrt.

Ruth Dreifuss – starke Frau mit Rückhalt

Bundesratswahlen sind in der Schweiz politische Höhepunkte. Weil sie eine Rarität sind. Doris Leuthard ist die zuletzt Gewählte. Seit 1848 die Nummer 109. In 159 Jahren erkor die Eidgenossenschaft lediglich 109 Minister. In Italien reichten die für keine vier Jahre aus.

Am 3.3.1993 gab es ein Jubiläum: Mit Ruth Dreifuss wurde das hundertste Mitglied des Bundesrates gewählt. Die zweite Frau.

Nach dem Debakel mit Elisabeth Kopp herrschte auch bei der Dreifuss-Wahl politische Hochspannung.

Die SP-Fraktion hatte Christiane Brunner nominiert. Die bürgerliche Mehrheit legte ihr Veto ein. Ihr passte der Neuenburger Francis Matthey besser. Nach Meinung der SP-Fraktion fehlte diesem das nötige Format zum Bundesrat. Matthey durfte die Wahl nicht annehmen. Das war abgemacht worden. Er verlangte eine Woche Bedenkzeit.

Die SP-Fraktion gab diesmal nicht nach. Es war Zeit für eine Frau im Bundesrat. Die Bürgerlichen würden Christiane Brunner auch in einer zweiten Runde nicht schlucken. Sie hätten sonst ihr Gesicht verloren. Also brachte die SP Ruth Dreifuss ins Spiel. Sie hatte zwei Handicaps. Ausser ein paar Jährchen im Berner Stadtparlament brachte sie keinerlei parlamentarische Erfahrung mit. Die Welsche wohnte in Bern. Nach dem damaligen Gesetz durfte aus dem gleichen Kanton nur ein Bundesrat herkommen. Der Berner Sitz war besetzt. Von Adolf Ogi.

Es ging dann zu wie im Fussball. Ruth Dreifuss wurde im Rekordtempo nach Genf transferiert. Das heisst, ihre Schriften wurden von Bern nach Genf umgeschrieben. Die welsche Bernerin wohnte nun plötzlich in Genf. Dorthin passte die Welsche eh viel besser. So war Ruth Dreifuss wählbar geworden.

Für die zweite Wahlrunde vom 10. 3. 1993 portierte die SP-Fraktion ein Zweierticket: Brunner und Dreifuss. Francis Matthey hatte vorher auf Annahme der Wahl verzichtet – verzichten müssen. Die bürgerliche Rechte fand das unerhört. Sie portierte deshalb Vreni Spoerry, damals Nationalrätin, als ihre Kampfkandidatin.

Nationalrat Pascal Couchepin, Präsident der FDP-Fraktion, ging ans Mikrofon und bekämpfte die Kandidatur Spoerry. Couchepin verteidigte die Konkordanzdemokratie, den zweiten Sitz der SP im Bundesrat, und votierte für Ruth Dreifuss. Das sind Höhepunkte, die man nicht vergisst.

Aussergewöhnliche Politiker beweisen in kritischen Situationen Grösse. Wie Couchepin am 10. 3. 1993.

So einfach ist es ja nicht, gegen eine Kandidatin aus der eigenen Partei anzutreten. Vreni Spoerry lehnte denn auch nach Couchepins Intervention eine Wahl ab.

Ruth Dreifuss wurde gewählt.

Die Neue konnte ihr Departement nicht auswählen. Sie musste nehmen, was ihr die Bisherigen überliessen. Auch dazu gab es Knatsch.

Ruth Dreifuss wäre Nachfolgerin von Aussenminister René Felber geworden. Auf dieses Departement jedoch meldeten zwei amtierende Bundesräte ihren Anspruch an. Die beiden CVP-Männer Arnold Koller und Flavio Cotti. Sie schafften es nicht, sich unter sich zu einigen. Bundespräsident Adolf Ogi hatte sie zwei-, dreimal aus der Sitzung gewiesen mit dem Auftrag, sich zu verständigen. Ohne Resultat. Koller und Cotti beharrten unversöhnlich auf ihrem Anspruch. Freunde werden die wohl nie.

Adolf Ogi sah nur eine Lösung. Arnold Koller durfte nicht Aussenminister werden. Dann nämlich hätte Ruth Dreifuss das Justizdepartement übernehmen müssen. Das widersprach dem Kodex. Bisher regierten dort nur Juristen. Ruth Dreifuss wäre die erste Nichtjuristin gewesen. «Das geht nicht», erklärte Bundespräsident Ogi, «das können wir den Frauen nicht antun.»

So wurde Flavio Cotti Aussenminister, und Ruth Dreifuss übernahm das erhoffte Departement des Innern. Neben Bildung, Wissenschaft, Kultur, Gesundheit, Sport, Umwelt gehörte dort die Sozialpolitik dazu. Ruth Dreifuss war es auf den Leib geschrieben.

Ausgenommen der Sport. Als Sportministerin stand sie neben den Turnschuhen. Mit null Erfahrung. Stricken ist ja keine Sportdisziplin. Beim Fussball-Cupfinal im YB-Stadion Wankdorf erlebte die Sportministerin wohl ihren ersten Fussballmatch. Offside, Corner, Penalty mussten für sie Fremdwörter gewesen sein. Auch am Eidgenössischen Schwingfest überbrachte Frau Sportministerin nicht die üblichen unverbindlichen Grüsse des Bundesrates. Die Ahnungslose benutzte den Anlass, um gute Worte für die Europäische Union zu verkünden. Die Schwingerfans gehören politisch nicht gerade zur Avantgarde. Ruth Dreifuss wurde gnadenlos ausgepfiffen.

Wie gesagt: Das Innere ist ein Riesenladen. Nach drei Jahren verteilte Ruth Dreifuss deshalb Geschenke. Die Umwelt ging an Moritz Leuenberger, der Sport an Adolf Ogi. Der ehemalige Direktor des Schweizerischen Skiverbandes war dafür der richtige Mann. Nicht von ungefähr ernannte UNO-Generalsekretär Kofi Annan Adolf Ogi – nach seinem Austritt aus dem Bundesrat – zum Sonderbotschafter für Sport. Seither bewegt sich der Berner Oberländer auf der Weltbühne. Und schon beim ersten Besuch als UNO-Abgesandter bewies er sein Geschick: 200 afrikanische Buben warteten auf ihn. Um, wie sie es gewohnt waren, von einem prominenten Mann aus dem Westen schöne Worte zu hören. Ogi hielt keine Rede. Er liess 200 Fussbälle verteilen. Für die kleinen Afrikaner wohl die schönste Rede.

Ruth Dreifuss bewies umso mehr Fachkompetenz für die Sozialpolitik und die anderen Ressorts. Sie kompensierte die mangelnde Erfahrung im schweizerischen Politbetrieb mit ihren persönlichen Qualitäten. Die Frau ist nicht einfach gescheit. Sie war in diesem Siebnerclub zweifellos und unbestritten die Intelligenteste. Sie war nie in einem Gemeinderat oder Regierungsrat gewesen, gehörte auch nicht dem Nationalrat an. Dafür kannte sie die Welt. Zum Beispiel, als sie für die Entwicklungshilfe arbeitete. Oder dem Rat des Internationalen Arbeitsamtes in Genf angehörte, an Kongressen des Internationalen Gewerkschaftsbundes mitmachte.

Ruth Dreifuss traf schnell zwei strategische Entscheide. Eine hiess Kommissionspräsenz, die zweite Otto Piller.

Die Bundesrätin investierte viel Zeit in die Kommissionsarbeit des Parlaments. Das will ich erklären. Was immer der Bundesrat vorschlägt, ein neues Gesetz, eine Gesetzesrevision, einen Kredit, sonst einen Beschluss, das Vorhaben wird mit einer so genannten ‹Botschaft› begründet. Diese Botschaft geht an die National- und Ständeräte. Bevor sie darüber beraten und entscheiden, wird das Geschäft in der dafür zuständigen Kommission vorbereitet. Zuerst im einen, dann im zweiten Rat. Wer was zuerst oder als so genannter Zweitrat behandelt, wird von Fall zu Fall abgemacht. Die Kommission stellt dem Plenum ihre Anträge. Entweder ist sie mit dem Bundesrat einverstanden oder sie macht Streichungs- und Abänderungsanträge. Wer in der Kommission unterliegt, kann im Plenum Minderheitsanträge stellen.

Bundesrätin Dreifuss erkannte richtig, dass die wichtigsten Vorentscheide in der jeweiligen Kommission fallen. Also ist es richtig, sagte sie sich, dort zu kämpfen, wo die Weichen gestellt werden. In der zuständigen Kommission also, zum Beispiel in der für Sozialpolitik, für Bildung und Wissenschaft oder für Gesundheit.

Ein Geschäft ist dann zustande gekommen, wenn National- und Ständerat den gleichen Beschluss bis aufs letzte Komma gefällt haben. Das heisst, das Prozedere mit Vorarbeit in der Kommission und Beratung im Plenum erfolgt immer zweimal. In beiden Räten je einmal.

Ruth Dreifuss handelte sich bei den Bürgerlichen mit der Zeit einen ‹schlechten› Ruf ein. Sie sei stur, hartnäckig, unbelehrbar, rechthaberisch, so und ähnlich in dieser Preislage. Ihre Waffe: Sie schlug mit dem liebenswürdigsten Lächeln auf sanfte Art hart zu. Oder sie schaltete auf Ermüdungstaktik um. Dann redete sie so lange, so ausführlich monoton, bis der Gegner schon deshalb nachgab, um endlich die Sitzung verlassen zu können.

Die zweite strategische Entscheidung hiess Otto Piller. Sie holte den früheren Ständerat und Bundesratskandidaten in ihre Dienste. Piller wurde Direktor des Bundesamts für Sozialpolitik. In jeder ausländischen Regierung wäre das der Sozialminister. In der SP-Fraktion gehörte Otto Piller zu den auffälligsten Figuren. Integer, kampfstark, unerschrocken wie kaum ein anderer. Wenn der oft zitierte kleine Mann im Bundeshaus eine politische Stimme hatte, dann war es die von Otto Piller.

Dreifuss-Piller bildeten ein gefürchtetes und eigentlich unschlagbares Duo. Die Rechtsbürgerlichen unter dem Kommando der SVP drückten immer dreister auf Sozialabbau. In den Neunzigerjahren lahmte die Wirtschaft. Die Wissenschaft reklamierte das fehlende Wachstum. Die Wachstumsschwäche sei schuld an der Misere, erklärten führende Ökonomen. Es werde zu wenig liberalisiert, privatisiert und dereguliert, sangen sie im Chor. Schuld sei der Staat. Gemeint war der Sozialstaat. Die Gutachten und Expertisen, wonach sich die Schweiz diesen Sozialstaat so nicht mehr leisten könne, stapelten sich im Departement Dreifuss beigenweise. Aber das Powerduo Dreifuss-Piller konterte, fightete und gab keinen Zentimeter politischen Boden preis. Wie die zwei das schafften, bleibt ihr Geschäftsgeheimnis.

Bundesrätin Ruth Dreifuss brachte ihre Widersacher zur Verzweiflung. Es mangle ihr an Flexibilität, las man in der ‹Neuen Zürcher Zeitung›. Sie betoniere den Status quo und verbaue damit die Zukunft. Solche und andere Vorwürfe musste sie einstecken. Sie tat es mit heiterer Gelassenheit. Mit einem Standvermögen, wie es sich nur eine innerlich starke Frau leisten kann. Den Bürgerlichen war eines klar geworden: Mit dieser Bundesrätin war ein Sozialabbau nicht zu machen. Ein schöneres Kompliment ist schwer auszudenken.

Die Bürgerlichen mussten ihre Hoffnung auf die Zeit nach Ruth Dreifuss verlegen. Ein Grund, weshalb nach ihrem Rücktritt Pascal Couchepin das Departement des Innern übernahm. Die Wirtschaftsverbände wie etwa Economiesuisse spekulierten auf eine bürgerliche Sozialpolitik. Auf das Ende der ‹Eiszeit› mit Dreifuss-Piller. Aber wie immer man die Konkordanzdemokratie auch beurteilt, sie hat ihre enormen Vorteile: Eine Vierparteienregierung kann etwas weder im Schnellzugstempo auf- noch abbauen. Auch Abbauvorlagen müssen das Fegefeuer Kommission, Plenum, Referendum, Volksabstimmung durchlaufen. Das spürt jetzt auch Couchepin.

Wie war Ruth Dreifuss als Chefin?

Ihr engerer Mitarbeiterstab fürchtete sich vor allem vor dem Montag. Alle wussten, die Chefin arbeitet über das Wochenende besonders intensiv. Endlich keine Kommissionssitzungen oder Gesprächstermine. Die Bundesrätin rückte deshalb zum Wochenanfang mit einem ordentlichen Auftragspensum ein. Darunter befanden sich auch Restanzen, Entscheide, die aufgeschoben wurden. Schnellschüsse aus dem Bauch waren nicht ihre Sache.

Ruth Dreifuss hat die Sachbearbeiter, die Zuarbeiter für ihre Chefs, stets einbezogen. Damit unterband sie die Lust, dass Vorgesetzte sich mit den fremden Federn ihrer Mitarbeiterin schmücken konnten. Das wiederum motivierte die ‹Unteren›.

Die Bundesrätin verlangte viel und gab viel Vertrauen zurück. Sie hat die phänomenale Gabe, stets ruhig zu bleiben. Ihre bedächtige berndeutsche, ins Welsche übersetzte Art kommt gut an. Ruth Dreifuss strahlt Wärme aus.

Heute noch lautet ein Vorwurf an die Sozialministerin, die Krankenkassenbeiträge seien entgegen ihrem Versprechen von Jahr zu Jahr gestiegen. Das ist nicht zu leugnen. Es ist wie mit einem Auto ohne Bremse. In unserem Gesundheitssystem ist ‹niemand› für die Ausgaben zuständig. Das heisst, niemand für das Gesamte. Bekanntlich verderben zu viele Köche den Brei. Kantone, Ärzte, Spitäler, Bundesamt, Krankenkassen, Verbände sind beteiligt. Die Bürgerlichen verhindern Parallelimporte für preisgünstigere Medikamente. 70 Prozent der Medikamente werden eingeführt. Die Pharmaindustrie steht bei uns unter politischem Heimatschutz. Mitsamt den Höchstpreisen ihrer Produkte.

Die Kantone und Gemeinden koordinieren ihre Spitalpolitik noch immer nicht oder nur rudimentär. Gesundheitsökonom Willy Oggier von der Hochschule St. Gallen sagt, der Kanton Bern allein habe gleich viele Spitalbetten wie ganz Schweden. Die Spitäler ‹fressen› die Hälfte der Kosten. 20 Prozent machen die Medikamente aus, 25 Prozent gehen an die Ärzte. Jeder Arzt ist bei uns ein Kassenarzt mit gesichertem Einkommen. Das mag ja sein Gutes haben. Nur dürfen wir uns dann nicht über die Kostenexplosion beklagen oder im Nachhinein Schuldscheine ausstellen.

Wir haben ein funktionierendes, aber teures Gesundheitssystem. Bis jetzt gibt es keine politische Mehrheit, die Grundsätzliches daran ändern möchte. Zu viele Interessengruppen partizipieren dabei. Auch der Versuch der Linken, mit einer Einheitskrankenkasse à la Modell AHV Kosten zu sparen, scheiterte am Volksmehr. Also, Maul halten.

Ruth Dreifuss befolgte ein wunderbares Rezept: Es gibt keine dummen Fragen, nur unbequeme Antworten.

Lilian – die rote Lady schrieb Geschichte

1971 war ein einmaliges Wahljahr. Zum ersten Mal wählten die Frauen mit. Gleichwohl plätscherte der Wahlkampf belanglos dahin. Erst eine Fernsehdebatte brachte Leben in die Bude. Dank Lilian Uchtenhagen. Die SP-Frau argumentierte kompetent, konterte kämpferisch, brachte die bürgerlichen Gegenüber mit gescheiten Verbalattacken in arge Bedrängnis. Auf einmal war Politik am Bildschirm spannend geworden. Am nächsten Tag wählte ich für meine Kolumne in der Parteizeitung den Titel: ‹Lilian, du bist ein Schatz›. Persönlich kannte ich sie damals nicht.

Der Nationalrat zählt 200 Mitglieder. Bis 1971 200 Männer. Dann waren es ‹nur› noch 191. Neun Frauen schafften die Wahl. Das kleine Frauenkontingent bedeutete dennoch eine historische Zäsur. Mit der reinen Männergesellschaft im Bundeshaus war endgültig Schluss. Aus und vorbei. Und zwar für immer. Dass aus den neun Frauen der ersten Stunde bald mehr würden, war unschwer vorauszusehen.

Die Ratskolleginnen brachten auch optisch Farbe in das Parlament. Nach dem Kleiderreglement für Nationalräte mussten wir im ‹dunklen Strassenanzug› in die Session einrücken. Die Frauen dagegen kleideten sich farbig. Neben ihnen sahen wir aus wie die grauen Mäuse. Wir verlangten Gleichberechtigung. Das Kleiderregelement wurde angepasst. Vorschrift wurde nun ‹modische Kleidung›.

Darunter verstand ich in der Sommersession weg mit dem Krawattenzwang. Ratspräsident William Vontobel bestellte mich zu sich und befahl mir: «Zieh eine Krawatte an, sonst muss ich dich aus dem Saal weisen.» Ich wehrte mich mit dem Hinweis, ich sei absolut reglementsgemäss modisch gekleidet.

Das sah der Ratspräsident anders. Ich schlug ihm vor, einen neutralen Fachmann als Vermittler einzusetzen. Damit war William Vontobel einverstanden. Wir konsultierten den Geschäftsführer des Kleiderladens Fein-Kaller an der Spitalgasse Bern. Sein Befund: «Herr Hubacher ist absolut korrekt und modisch gekleidet. Dazu braucht es keine Krawatte. Ohne ist im Sommer erst noch gesünder.» Das war ein kleiner Durchbruch in Sachen ‹Kleider machen Leute›.

Für neun Frauen unter 191 Männern war es alles andere als einfach, sich im Ratsbetrieb zurechtzufinden. Für die einen waren sie Exotinnen, für andere ein notwendiges Übel. Das Vorurteil hingegen, Frauen seien vorab für das Soziale und die Fürsorge zuständig, lag tief verborgen in den Mauern des Bundeshauses. Die Vorstellung, im Nationalrat könnten Frauen für Wirtschaft, Finanzen, Militär zum Beispiel kompetent sein, wurde erst später mehrheitsfähig.

Umgekehrt brauchten auch wir Männer Zeit für den Angewöhnungsprozess.

Eines machte sich schnell bemerkbar: Der Ton in der Fraktion wurde ordentlicher. Mich dünkte, das Gros der Genossen gab sich Mühe, sich auch verbal von der angenehmeren Seite zu zeigen.

Aus dem Rahmen fiel Lilian Uchtenhagen. Sie ist gelernte Ökonomin. Für sie kam es nicht in Frage, sich von der Themenwahl her ins Frauenrevier abschieben zu lassen. Wobei erwähnt werden darf, dass es dieses Kastendenken in der SP-Fraktion gar nicht gab. Wir waren froh, eine kompetente Ökonomin in unseren Reihen zu haben. Zu viele von dieser ‹Sorte› hatten wir schliesslich nicht.

Lilian engagierte sich für Wirtschafts- und Sozialpolitik. Eigentlich errang sie bei Freund und Feind schnell Respekt. Das gelingt nur, dem der kompetent ist, der mit Können überzeugt. Uchtenhagen räumte mit einem alten Ladenhüter auf, den bürgerliche Politiker seit Jahrzehnten anboten. Mit der Behauptung nämlich, die SP verlange immer mehr Staat, höhere Steuern, mehr Ausgaben, die Bürgerlichen hingegen kämpften für die freie Marktwirtschaft, für Wettbewerb, gegen die Verstaatlichung der Wirtschaft.

Lilian Uchtenhagen nannte das eine bürgerliche Legende. Warum? Seit bald 150 Jahren hätten die Bürgerlichen in der Schweiz die Mehrheit und von einer freien Marktwirtschaft sei weit und breit nichts zu sehen. Im Gegenteil, sie werde verhindert. Durch Kartelle, Monopole, Preisabsprachen, Schutzzölle, Importverbote nach der Devise ‹Mehr private Macht statt Wettbewerb›.

Da werde Wasser gepredigt und Wein getrunken, setzte die SP-Frau der politischen Rechten zu, und um diesen Widerspruch zu kaschieren, werde die SP ständig als Staatspartei diffamiert. «Dabei sind wir es, die das liberale Gedankengut vertreten. Wir wollen Wettbewerb, eine soziale Marktwirtschaft, eine Synthese zwischen Wirtschaft und Sozialstaat, eine ebenfalls zwischen Ökonomie und Ökologie.»

Die bürgerlichen Schönredner reagierten darauf betroffen, ungehalten, oft unruhig. Sie waren es nicht gewohnt, mit ihren eigenen Versäumnissen konfrontiert zu werden. Nationalrätin Uchtenhagen redete Klartext, sanft im Ton, hart in der Sache. Der Lärmpegel auf den rechten Bänken stieg regelmässig an, wenn sie zum x-ten Mal aufgefordert wurden: «Führen Sie doch endlich die Marktwirtschaft ein.»

SP-intern blieb der sozial-liberale Kurs nicht unbestritten. Die vom linken Flügel wollten den Kapitalismus abschaffen. Unter diesem Anspruch liessen sie nicht mit sich streiten.

Viele verwechselten das Sein mit ihrem Bewusstsein. Einwände gab es auch von Gewerkschaftsseite. Deren Vertreter verteidigten den gesamten Sozialbereich integral, das heisst bestritten jeglichen Revisionsbedarf.

Lilian Uchtenhagen steuerte einen pragmatischen Kurs. Sie beschönigte nichts am Kapitalismus. Aber sie mochte auch nicht warten, bis er untergeht. Die Menschen erwarten jetzt und heute ein sozialeres Klima.

Reinhard Mohn, lange Besitzer des Bertelsmann Verlags, meinte mal: «Der Kapitalismus ist nicht gerecht, aber effizient.»

Es war und blieb für Lilian Uchtenhagen politische Direktive, das Dasein der Lohnabhängigen zu verbessern, ein bisschen mehr soziale Ausgeglichenheit zu erreichen. Karl Marx nannte jeden kleinsten Erfolg einen ‹Sieg des Prinzips›.

Mich dünkt, Lilian Uchtenhagen habe Tabus hinterfragt, Altes neu überdacht, Neues geprüft. «Veränderungen werden durch Veränderungen erreicht», sagte sie immer.

Gibt es in der Politik markante Unterschiede im Handeln von Frauen und Männern?

Man muss sich vor Plattitüden hüten. Aber ich glaube schon, Abweichungen festgestellt zu haben. Frauen sind im Allgemeinen offener, direkter, weniger berechnend. Sie sind weder gescheiter noch dümmer als Männer. Sie sind einfach anders.

Wie Heidi Deneys, die erste Frau in der Militärkommission des Nationalrats. Wenn in einer Diskussion alles gesagt schien, stellte sie noch Fragen. Solche, wie sie keinem Mann eingefallen wären. Regelmässig gerieten die hohen Militärs ins Schwimmen. «So kann nur eine Frau fragen», meinte mal der Generalstabschef. Mehr ratlos denn erfreut.

Ursula Mauch präsidierte die SP-Fraktion. Mit Otto Stich als Finanzminister pflegte sie ein gutes Verhältnis. Sie kannte seine Hartnäckigkeit. Übertrieb er, indem er auf einen Beschluss, der ihm nicht passte, zurückkam, unterbrach ihn Ursula Mauch: «Otto, es ist halt jetzt so, das gilt auch für dich.» Der Otto hatte kapiert. Widerspruch wäre sinnlos gewesen. Ohne die geringste Aufgeregtheit stoppte sie Stichs Sololauf.

Lilian Uchtenhagen wurde Präsidentin einer Ad-hoc-Kommission für die Bundesfinanzordnung. Beim Geld beginnt der politische Ernstfall. Bei der Bundesfinanzordnung geht es um Steuern, um die Einnahmen des Bundes, um Interessen also. Bis dahin wurde sie immer für zwölf Jahre beschlossen. Die Bürgerlichen waren nicht bereit, dem Bund zeitlich unlimitierte Einnahmen zu sichern. Mit diesem politischen Druck sollte er an der kurzen Finanzleine gehalten bleiben.

Kommissionssitzungen werden fast nur noch in Bern abgehalten. Es liegt für alle zentral. Der Nachteil ist: Nach der Sitzung verlaufen sich alle. Bei einem schwierigen Geschäft wäre es von Vorteil, wenn man auch nach der Sitzung zusammenbliebe. Deshalb schlug die Präsidentin vor, auf dem Beatenberg zu tagen. In einem modernen Hotel, zwei Übernachtungen.

Erwartungsgemäss erwiesen sich die Beratungen als schwierig. Die Wirtschaftslobby hatte einige Kommissionsmitglieder instrumentalisiert.

Bei den Finanzen die Balance zwischen rechts und links, Bund und Kantonen, Regionen und Agglomerationen zu erreichen, setzt politische Kunst vom Feinsten voraus. Allen war klar, es konnte nur einen Kompromiss geben. Aber wie, welchen?

Die Idee, auf dem Beatenberg im gleichen Hotel zu übernachten, erwies sich als hilfreich. Das Nachtessen wurde gemeinsam eingenommen. Und schon da und danach gingen die Kommissionsverhandlungen weiter. Gruppenweise, mal unter vier Augen, mal zwischen den Mitgliedern von FDP und SP oder CVP und FDP.

Lilian Uchtenhagen intervenierte, vermittelte, wechselte von einem Stuhl zum anderen. Sie rutschte von Tisch zu Tisch, von Gespräch zu Gespräch. Der Kompromiss wurde eingefädelt, mit Inhalt gefüllt, korrigiert und austariert. Am Schluss stimmte ihm eine solide Mehrheit zu.

Ohne die ungezwungenen Beatenberggespräche wäre das kaum, sicher nicht in so kurzer Zeit, gelungen. Später stimmte das Ratsplenum dem Kommissionsvorschlag zu. Alle waren sich einig: Es war vor allem das Verdienst der Kommissionspräsidentin.

Lilian Uchtenhagen gehörte viele Jahre der Geschäftsleitung der SP Schweiz an. In solchen Gremien sind es meist wenige, die den Karren ziehen. Zu denen gehörte sie. Mit einem Einsatz total. SP-Sektionen, Medien, Veranstalter aller Art engagierten den Politstar am laufenden Band.

Unsere Zürcher Genossin konnte unerbittlich sein. Als bei der SP Schweiz eine Einladung aus der DDR eintraf, sagte sie von Anfang an Nein. Sie blieb dabei, auch als der SPD-Vorsitzende Willy Brandt uns ermunterte, den Tatort zu besuchen. Er sicherte zu, für uns ein Gespräch mit DDR-Dissidenten zu arrangieren. Wir selber bestimmten mit Andreas Blum und Georges Peters zwei Teilnehmer, für die von der DDR ein Einreiseverbot erlassen wurde. Nach zähen, monatelangen Verhandlungen wurde es aufgehoben.

Lilian Uchtenhagen liess sich nicht weich klopfen. Sie lehnte die Annahme der Einladung ab und dachte nicht im Traum daran, mitzufahren. Die Informationsreise fand ohne sie statt.

Nach unserer Rückkehr gerieten wir unter Beschuss wie selten sonst. Ich bekomme noch heute böse Briefe. Es war 1982, als wir die DDR bereisten. Aber immer noch, wenn Ulrich Schlüer in seiner Zeitung ‹Schweizerzeit› wieder mal auf diesen angeblichen Canossagang nach Ost-Berlin hinweist, juckt es ein paar Schreiber, mir das Mösch zu putzen. 25 Jahre danach!

Wir waren vier Verschworene: Lilian Uchtenhagen, Andreas Gerwig, Walter Renschler und ich. Wir sassen in der zweitvordersten Reihe nebeneinander. Wer schon länger im Rat war, durfte auf die hinterste Bankreihe wechseln. Sie liegt unter der Tribüne. Man kann dort abschleichen, ohne dass es Tribünenbesucher sehen. Wir jedoch blieben vorne. Für unsere Zwischenrufe war dieser Platz besser.

Das trug uns den Namen ‹Viererbande› ein. Wir seien ein kleines Machtkartell, befürchteten einige. Auch aus der eigenen Fraktion. Irrtum. Wir bildeten eine Arbeitsgemeinschaft. Jeder half dem anderen. Wir trainierten Auftritte im Fernsehen, am Radio, auf dem Podium, tauschten Bücher und Manuskripte aus. Wir gingen miteinander essen, meistens mit Gästen, von anderen Fraktionen oder Medienleuten. Es war eine wunderbare Freundschaft. Wir arbeiteten viel. Lilian Uchtenhagen noch etwas mehr. Bis sie mit einem Manuskript zufrieden war, hatte sie es einige Male umgeschrieben. Sie überliess nichts dem Zufall.

Am 7.12.1983 scheiterte sie als Bundesrätin. Wie hat sie die Nichtwahl verkraftet?

Der vielleicht brillanteste SP-Politiker der jüngeren Zeit, Walther Bringolf aus Schaffhausen, wollte 1959 Bundesrat werden. Die Fraktion hatte ihn nominiert. Aber die Bürgerlichen verweigerten ihm ihre Stimmen. Angeblich, weil er früher Kommunist war. 1931 war er aus der Kommunistischen Partei der Schweiz ausgetreten. Weil Stalin sie auf seinen Moskaukurs bringen wollte. Bringolf war 36 Jahre Stadtpräsident von Schaffhausen, 46 Jahre Nationalrat, neun Jahre, bis 1962, Präsident der SP Schweiz.

Am 1. August 1975 feierte der ungewöhnliche Politiker den 80. Geburtstag. Die Partei bat Bringolf, die Geladenen persönlich auszusuchen. Der Abend verlief peinlich. Noch immer hatte sich der grosse alte Mann mit seiner Nichtwahl nicht abgefunden. Er haderte mit dem Schicksal, mit der Partei, mit dem an seiner Stelle gewählten Hans Peter Tschudi aus Basel. Den mochte er nicht leiden. Ich glaube, er hasste ihn. Das «Milchbubengesicht», wie er ihn abtat, sei im klassischen Sinn gar kein Politiker gewesen, «sondern nur ein Karrierist».

Verglichen mit Bringolf steckte Lilian Uchtenhagen die Kränkung vom 7. Dezember 1983 geradezu souverän weg. Natürlich tat die Nichtwahl weh, sehr weh sogar, keine Frage. Sie schmerzte lange, wahrscheinlich gelegentlich noch heute. Aber gezeigt hätte sie es nie. Und angeklagt hat sie auch keinen. Weder die Partei noch deren Präsidenten, die in den Augen namhafter Bürgerlicher belastend für sie waren. Ihre Loyalität zu dieser Partei und deren Vorderleuten wurde ihr angekreidet.

Lilian Uchtenhagen nahm äusserlich den Entscheid einfach hin. Wissend, dass ihre Nichtwahl nicht mangels Fähigkeiten erfolgte. Eher schon, weil sei eine zu starke Kandidatin war und das beliebte Männerspiel nie mitmachte: sich Jahre zum Voraus mit Krethi und Plethi gut zu stellen, Hände zu schütteln, um Stimmen zu gewinnen. Dazu war sie zu selbstbewusst, zu stolz auch.

«Entweder wählen sie mich wie ich bin oder lassen es sein», meinte sie trotzig.

Dreimal Tschäppät

Ich habe mit allen zu tun gehabt: mit Grossvater, Vater und Sohn.

Grossvater Henri Tschäppät begegnete ich bei der Gewerkschaft. Beim VPOD, dem Verband des Personals öffentlicher Dienste. Er fiel an den Sitzungen und Kongressen als Übersetzer vom Französischen ins Deutsche oder umgekehrt auf. Der Romand war ein Sprachkünstler, ein Mentor auch, der als politisch versierter Zeitzeuge vieles klar darlegen konnte. Auch mir.

Es gibt Gesichter, die vergisst man nie. Grossvater Tschäppät gehört dazu.

Als noch junger Funktionär faszinierten mich ältere Kollegen, die mir erzählten, wie es wirklich war. Zum Beispiel im Zweiten Weltkrieg. Mit der Flüchtlingspolitik des Bundesrates, mit den Nazi-Sympathisanten, Fröntler genannt, mit dem politischen Klima in einer von Feinden umzingelten Schweiz. Zwar erlebte ich den Zweiten Weltkrieg als Bub selber mit. Von meinem Grossvater bleibt in Erinnerung, wie er Hitler gehasst hat. Er hätte ihn am liebsten bei lebendigem Leib an einen Marterpfahl gefesselt, die Haut scheibchenweise losgetrennt und Pfeffer drauf gestreut.

Grossvater Tschäppät bestätigte vieles, das ich mehr ahnte als wusste. Er erklärte mir die Zusammenhänge und politischen Hintergründe bildlich. Beide Grossväter, meiner und Tschäppät, waren sich in einem Punkt einig: Nicht alle Bundesräte gehörten zu den ‹wasserdichten› Demokraten.

Tschäppät Nummer zwei war schon eine berühmtere Nummer: Seit 1963 sass ich mit ihm im Nationalrat. Im Hauptberuf war er Stadtpräsident von Bern. Zu seiner Zeit wohl der bekannteste Stadtpräsident der Schweiz.

Wo überall Reynold Tschäppät auftrat, ob in Langnau, Basel oder New York, stets pries er sein Bern als die schönste Hauptstadt Europas an. Sein Hochdeutsch wirkte etwas künstlich, Berndeutsch mit einem aristokratischen Unterton, mit einer Prise welschem Akzent. Daraus entstand ein einmaliger Slang.

Ein Regierungsrat meinte mal, das Schönste am Regieren sei die Willkür. Das muss Reynold Tschäppät gefallen haben.

Ihm war es gelungen, eine wichtige Veranstaltung nach Bern zu holen. Noch fehlte der Rahmen dazu, eine Eishalle nämlich. Der nötige Kredit für den Neubau wurde beantragt, aber abgelehnt. Und zwar vom Stimmvolk. Das war zwar für den erfolgsverwöhnten Stadtpräsidenten ein Rückschlag. Entmutigen liess er sich deswegen nicht. Sein ‹Gring›, wie Kopf auf Berndeutsch heisst, liess es schon gar nicht zu, das internationale Eishockeyturnier mangels Eishalle fallen zu lassen.

Der SCB, Schlittschuhclub Bern, spielte damals noch auf der offenen KaWeDe, im Sommer Kunstwellenbad Dählhölzli, im Winter Eisbahn. Reynold Tschäppät sass regelmässig unter den Zuschauern. Ein Auftritt nach dem Match ist legendär geworden. Der Stadtpräsident nahm das Mikrofon und spielte mit dem Publikum verbales Pingpong: «Weit dihr en Yschhalle?» – «Ja!» «Auso, i bouen öich eini!»

Daraus entstand das heutige Eisstadion auf der Berner Allmend, Europas grösstes Eishockeystadion. Platz für fast 17 000 Zuschauer.

Das Besondere daran: Nachdem der Kredit für eine Eishalle in der Volksabstimmung gescheitert war, stand Tschäppät mit leeren Händen da. Kein Geld, kein Kredit, nichts. Trotzdem wurde das Eisstadion gebaut. Tschäppät hatte so entschieden. Auf eigenes

Risiko. Damit das grosse Eishockeyturnier stattfinden konnte. Es wurde zu einem Publikumserfolg. Die Finanzierung der Eishalle blieb nachträglich nur Formsache. Alle gehörten plötzlich zu den Siegern. Jahre später noch erzählten mir Berner, was für ein ‹Siech› dieser Tschäppät doch gewesen ist. «Das war noch ein Stadtpräsident», hörte ich oft.

Das Ganze hätte auch in die Hosen gehen können. Reynold Tschäppät riskierte Kopf und Kragen. Er sei überzeugt gewesen, erzählte er mir mal, richtig zu handeln. Das kann nur, wer die nötige Courage hat, auch mal etwas Aussergewöhnliches zu wagen. Das ist der Unterschied zwischen Personen und Persönlichkeiten. Sie sind es, die uns voranbringen. In der Wirtschaft, Wissenschaft, Politik, Kultur, im Sport und in der Familie.

Ausgerechnet mit diesem politischen Alphatier bekam ich Probleme. 1975 wählten mich die Delegierten zum Präsidenten der SP Schweiz. Sechs Monate später schon fanden eidgenössische Wahlen statt. Für Wahlsendungen am Radio und im Fernsehen durften wir je fünf Leute melden. Die SP des Kantons Bern war mit Abstand die stärkste Kantonalpartei. Also gehörte sicher mal ein Berner ans Fernsehen. Das konnte nur Nationalrat Reynold Tschäppät sein. Meinte ich.

Ich telefonierte ihm, er sei für eine Wahlsendung nominiert worden. Zu meinem Missvergnügen gab er mir einen Korb. Das verstand ich nun überhaupt nicht. Jeder Politiker drängte doch an den Bildschirm. Nur Tschäppät nicht? Nummer zwei der Berner war damals Nationalrat Heinz Bratschi. Der sagte freudig zu.

Ein paar Tage später rief mir die Sekretärin von Reynold Tschäppät, Liselotte Berger, an: «Selbstverständlich will der Stadtpräsident ans Fernsehen. Nur können Sie das mit ihm nicht am Telefon abmachen, da müssen Sie schon persönlich vorbeikommen.»

Aha, da brauchte einer den roten Teppich. Nun musste ich Frau Berger beibringen, der Zug für ihren Chef sei abgefahren. Ihren Vorschlag, Bratschi nachträglich abzuservieren, betrachtete ich als Zumutung: «Das kommt gar nicht in Frage. Heinz Bratschi ist nicht einfach der Lückenbüsser. Reynold Tschäppät hat sich selber aus dem Spiel genommen.»

Diese Botschaft kam schlecht an. Pech für Reynold Tschäppät. Er wurde bei den Wahlen vom sonst sicheren ersten Platz auf Rang zwei verwiesen. Von wem? Von Heinz Bratschi. Weil ich ihn «fallen liess», wie er behauptete. Unsere Beziehungen blieben belastet. Nicht lange. «Du hättest nur etwas flexibler sein müssen», mahnte er mich. Bereits wieder versöhnlich.

1991 lernte ich die dritte Generation kennen. Alexander Tschäppät wurde in den Nationalrat gewählt. Zwölf Jahre nach dem Tod seines Vaters.

Er profitierte natürlich vom Tschäppät-Bonus. Aber Alex, wie wir ihn nennen, ist kein Fils-à-papa. Auch Tschäppät III ist eine ungewöhnliche Persönlichkeit. Lebenslustig, stets gut gelaunt, witzig, talentiert. Er kommt bei den Leuten gut an. Ihm gelingt es, Politik zu verkaufen, verständlich darzustellen.

Für leicht griesgrämige Schwerenöter sind heitere Politiker schnell mal als leichtlebig bis unseriös abgestempelt. Für sie ist die ernste Buchhaltermiene ein Gütezeichen. Damit kann Alex Tschäppät nicht dienen.

Er kennt die Berner Szene bestens. Als Präsident der Parlamentsgruppe für Kultur arrangierte er viele interessante Begegnungen, Ausstellungen, Veranstaltungen. Er ist auch ein Menschenfreund. Als einziger Berner Politiker hat er während der Session Auswärtige zu sich heim eingeladen. Zusammen mit originellen Bernern. Es waren wunderbare Erlebnisse.

Der Junior eines berühmten Vaters trägt dessen Schatten nicht selten als schwere Bürde. Nicht Alex Tschäppät. Ihm scheint alles zu gelingen. Er macht lustvoll Politik und ist mehr als ein Showman, wie Kritikaster in der eigenen Partei lange Zeit glaubten. Ein politischer Showman ist ein Bluffer. Auf äussere Effekte aus. Keiner, der im Stillen hart arbeitet.

Die Geschäftsprüfungskommission (GPK) des National- und Ständerats ist der Inbegriff für harte Knochenarbeit mit wenig Publizität. Selten können sich GPK-Mitglieder öffentlich profilieren. Sie machen ihren Job unter Ausschluss der Öffentlichkeit. Wer gerne im Schaufenster steht, geht nicht in die GPK. Ausgerechnet Alex Tschäppät meldete sich für die Mitarbeit in der GPK. Für ihn ist parlamentarische Kontrolle absolut erstrangig. Ob mit oder ohne öffentlichen Beifall.

Alex Tschäppät ist eben beides: quietschvergnügt und ernsthaft.

In einem Punkt liess er die Berner Stadtpartei nie im Zweifel. Er wollte Stadtpräsident werden. Wie sein Vater. Um mit ihm gleichzuziehen? Ja, vielleicht hat er diesen Ehrgeiz. Zugleich weiss er, wer nur in die Fussstapfen eines anderen tritt, wird ihn nie überholen.

Heute ist Alex Tschäppät Stadtpräsident. Die Rolle ist ihm auf den Leib geschrieben. Er imitiert nicht den Vater, er hat seinen eigenen Stil, das eigene Profil, übt das Amt auf eigene Art aus.

Er hat schon immer begriffen: Die Lösung kann nur zwischen den Extremen liegen.

Die CVP-Frauen sind nicht schuld

Seit 1979 hat die CVP konstant Wähleranteile verloren. Von 21,3 Prozent auf noch 14,4 Prozent sank sie 2003. Das kostete sie den zweiten Sitz im Bundesrat.

Ich würde meinen, am wenigsten schuld daran seien die Frauen. Mir sind ein paar starke CVP-Politikerinnen in Erinnerung geblieben: Elisabeth Blunschy, Josi J. Meier, Judith Stamm, Rosmarie Dormann.

Joseph Deiss trat Mitte 2006 als Bundesrat zurück. Für ihn kam Doris Leuthard. Sie ist heute schon bekannter als Deiss nach sieben Jahren.

Elisabeth Blunschy gehörte im Nationalrat zu den Frauen der ersten Wahl 1971. Sie wohnte im Kanton Schwyz, damals Inbegriff für reaktionären Konservatismus. Sie selbst sah sich als Wertkonservative. Das bedeutet: Gutes behalten, Neues gestalten. Die Schwyzer Nationalrätin scherte etwa aus der Fraktionskolonne aus. Wer die Mechanik einer Fraktion kennt, weiss, wie schwer das ist. Elisabeth Blunschy war in sozialpolitischen Fragen aufgeschlossener als die Mehrheit der Fraktion. Gesellschaftspolitisch, etwa beim Schwangerschaftsabbruch, hingegen stand sie dem Vatikan in nichts nach.

Elisabeth Blunschy verschaffte sich im Rat schnell Achtung und Respekt. Sie glänzte mit bescheidenem Habitus. Und beeindruckte bei ihren Voten mit leiser, aber eindringlicher Stimme. Für uns war sie bald einmal die First Lady des Nationalrats. Leicht gebückt nach vorne, aber mit stolzer Haltung. Bereits in ihrem sechsten Dienstjahr wählten wir sie zur Ratspräsidentin. Als erste Frau überhaupt.

Josi Meier politisierte je zwölf Jahre im National-, dann im Ständerat. Sie gehörte 1971 ebenfalls zu den ersten Frauen. 1991 erhielt sie von der Stadt Luzern die Ehrennadel. Sie nahm die Auszeichnung mit den Worten entgegen: «Es gibt Leute, die leisten sich eine Jacht oder ein Rennpferd, ich leiste mir eine eigene Meinung, die kostet mich etwa gleich viel.»

Josi Meier fragte nach dem Sinn der Politik: «Wie kann man in diesem Land Regeln aufstellen, die uns das Leben erleichtern? Wir müssen bereit sein, unseren Reichtum zu teilen, dies gilt für den Einzelnen wie für das Volk.» Wie erreichen wir das? «Es müssen sich alle Parteien zusammenraufen und einen gemeinsamen Nenner finden, da ja alle Minderheiten vertreten sind und die grossen Parteien höchstens einen Viertel hinter sich haben.»

Die Ansicht jedoch, Politiker und Parteien wüssten allein, was Recht und Unrecht sei, war für sie ‹Chabis›.

Die gelernte Juristin war sich im Klaren, dass es eine absolut soziale und gerechte Gesellschaft kaum geben kann. Sie hielt es daher mit Friedrich Dürrenmatt: ‹Die Gesellschaft wird nie gerecht, frei, sozial sein, sondern nur gerechter, freier und sozialer.›

Josi Meier blieb zeitlebens Single. Auf das modische Outfit legte sie keinen Wert. Das wiederum passte ihrem Fraktionskollegen Paul Eisenring nicht. Er ging mit Josi auf Einkaufstour. Als ihr modischer Berater. Grosse Konzessionen machte die Frau nicht. Aber sie schätzte die fürsorgliche Anteilnahme.

Die CVP-Frau besass gesunden Mutterwitz, redete nicht um den Brei herum, machte aus ihrem sozialen Engagement weder ein Geheimnis noch viel Wesens. «Warum ist die eigentlich bei uns?», fragte mal halblaut ein Nidwaldner Fraktionskollege. So halblaut, dass Josi ihn hörte. Und ihm zurückgab: «Weil ich das, was du offenbar vergessen hast, ernst nehme: das Wort ‹christliche› Volkspartei.»

An der Frauensession vom 1. Februar 1991 zeigte Josi Meier den langen Weg zur politischen Gleichberechtigung auf: «1930 war in einem grossen Lexikon zu lesen: ‹Weib = erwachsene Person weiblichen Geschlechts. Die Stellung des Weibes richtet sich bei den verschiedenen Völkern nach den Begriffen der Männer von ihrem Wert›. Gleichzeitig hiess es im Larousse-Lexikon: ‹Frau = Weibchen des Mannes, menschliches Wesen, das organisiert ist, Kinder zu empfangen und auf die Welt zu setzen›. Das war das Verständnis von unserer Rolle noch in der ersten Hälfte des 20. Jahrhunderts. Nach dem Zweiten Weltkrieg brachen wir aus diesem Organigramm aus und begannen den langen Marsch nach Bern.»

Am Schluss appellierte sie an alle Frauen: «Vor 20 Jahren wollte man uns zurückhalten mit dem Slogan ‹Die Frau gehört ins Haus›. Wir brauchten Jahre, bis wir diesen Satz richtig verstanden haben. Jetzt haben wir ihn endlich verinnerlicht, mit Hilfe der jungen Generation. Natürlich gehören wir ins Haus; ins Gemeindehaus, ins Bundeshaus.»

1991/92 wurde Josi Meier als Präsidentin des Ständerats gewählt.

Nach ihrem Wechsel vom National- in den Ständerat nahm 1993 Judith Stamm, ebenfalls aus Luzern, ihren Platz ein. Beide kannten sich. 1971 gehörten sie zu den ersten Frauen im Luzerner Grossen Rat. Zur Vereidigung erschienen sie im Einheitslook.

Judith Stamm war die erste Polizeiassistentin der Schweiz. Das bei der Stadtpolizei Luzern. Später wechselte sie zur Jugendanwaltschaft. 1979 gehörte sie zum Wahlteam für Nationalrätin Josi Meier. Die bringe immer «en Chaare voll Wyber» mit, erzählte man sich.

Im Nationalrat fand sich Judith Stamm schnell zurecht. «Ich fand bald heraus, wer etwas zu sagen hat und wer nicht.» Sie nahm sich vor, nur dann zu reden, wenn sie «in der Sache sattelfest war».

Genau so habe ich sie im Nationalrat erlebt. Sie schloss schnell zu den profilierten Frauen auf. Das Gleichstellungsgesetz beim Bund geht auf einen Vorstoss von ihr zurück. Gleiche Chancen und Rechte für Frauen gehörten zu ihrem Repertoire. Unter dem Namen ‹Donna mobile› hatte sie in Luzern eine Ausstellung über die Ausbildungsmöglichkeiten für Frauen auf die Beine gebracht. Frauenanliegen zählten auch im Bundeshaus zu ihren Schwerpunkten. Bis 1996 präsidierte sie die eidgenössische Kommission für Frauenfragen.

Judith Stamm markierte Präsenz, auch wenn kein Blumentopf zu gewinnen war. 1986 zum Beispiel.

Die beiden CVP-Bundesräte Kurt Furgler und Alphons Egli waren zurückgetreten. Die Kronprinzen standen bereits fest: Arnold Koller und Flavio Cotti. Keine Rede von einer Frau. Das wollte Judith Stamm nicht schlucken. Bei zwei Vakanzen gehe das nicht mehr. Sie kandidierte. Ohne Segen der Fraktion. Mehr noch, zum Ärger der Herren. Natürlich wurden Cotti und Koller gewählt. «Wurscht», meinte Judith Stamm, Hauptsache war, das geschah nicht ohne Frau am Start.

Wie ihre beiden Kolleginnen präsidierte auch Judith Stamm den Rat. 1996/97 wurde sie Nationalratspräsidentin. Vor ihr waren schon andere Frauen auf diesem Stuhl. Keine hatte sich an der Tür zum Präsidentenzimmer gestört: ‹Präsident›. Judith Stamm liess das Schild auswechseln: ‹Präsidentin›.

Sie ist eine Powerfrau. Mit spröder Herzlichkeit. Politisch unnachgiebig, nicht aber stur.

Mit zeitlichem Abstand rückte 1987 Rosmarie Dormann aus Rothenburg im Nationalrat nach. Sie wäre eine eigene Geschichte wert. Als Vertreterin einer neuen Generation. Von den vier CVP-

Protagonistinnen war sie die progressivste. Für konservative CVP-Männer unerträglich aufgeschlossen. Das sogar ohne schlechtes Gewissen. Im Gegenteil.

Dass es der CVP politisch schlecht geht, kann also am allerwenigsten an den Frauen liegen. Da müssen die Männer gehörig gepfuscht haben.

Leuenberger – ein Kämpfer?

Vielleicht hat ja der junge Mann Recht mit der Bemerkung, Bundesrat Leuenberger sei vielleicht schon ein Kämpfer. «Halt auf seine Art. Man merkt es bloss kaum.»

Zu Recht.

Starke Worte oder mit der Faust auf den Tisch schlagen sind nicht seine Gesten. Wenns sein muss, schlägt Leuenberger verbal aber schon mal zu. Wie nach dem Swissair-Grounding im trüben Oktober 2001, als er die Banken «als Zerstörer der Swissair» beschuldigte. UBS-Chef Marcel Ospel ist seither für «diesen Bundesrat» lieber nicht mehr zu sprechen.

Economiesuisse, grösster Wirtschaftsverband, attestiert Umweltminister Leuenberger, er habe in seinem Departement «ein Widerstandsnest für die Umwelt» aufgebaut. Nach einem Kompliment tönt das nicht unbedingt. Die Verbandsoberen haben das Wesentliche noch immer nicht begriffen: In einer kaputten Umwelt wird auch die Wirtschaft krank.

Im Politmagazin ‹Monitor› des ARD-Fernsehens berichtete der bekannteste deutsche Umweltwissenschaftler aus dem Helikopter über den Zustand der Alpen. Die Aufnahmen wurden am 3. Januar 2007 gemacht. Auf etwa 2000 Metern Höhe hatte es keinen oder nur ein Schäumchen Schnee. Es müssten um diese Zeit einen bis anderthalb Meter sein, meinte der deutsche Fachmann.

Der Helikopter flog über Grindelwald. Wörtlich: «Das Dorf Grindelwald ist dem Untergang geweiht. Es wird irgendwann von Steinlawinen überschüttet.» Der Zustand der Alpen sei schlechter, als er es sich selber vorstellen konnte, lautete der böse Bescheid aus dem Flieger.

Die Verbandsbosse der Wirtschaft erachten, von Ausnahmen abgesehen, Umweltschutz offenbar noch immer als Hindernis für ihre Gewinnmaximierungsstrategie an. Umweltminister Leuenberger habe, so Economiesuisse, «einen wirtschaftsfeindlichen Dirigismus» installiert. Nach Meinung der repräsentativen Vertreter der Schweizer Wirtschaft hindert der Umweltminister sie am maximalen Profit. Oder er versucht es. Das allein sei schon wirtschaftsfeindlich, verkünden die Herrschaften.

Damit befindet sich Economiesuisse in bester Gesellschaft mit den fünf Stromkonzernen Deutschlands, die den Energiemarkt beherrschen und den eigentlichen Wettbewerb verhindern. Diese Stromgiganten betreiben u. a. Kohlenkraftwerke, die als grösste Luftverschmutzer des Landes gelten, weil sie viermal mehr CO_2 produzieren als alle Autos zusammen in Deutschland.

Die Europäische Union verlangt von ihnen, nun den CO_2-Ausstoss von 465 Millionen Tonnen in einem ersten Schritt auf etwa 440 Millionen Tonnen jährlich zu reduzieren. Dagegen laufen die Konzernchefs Sturm. Sie setzen die deutsche Regierung mit der Behauptung unter Druck, damit würde die Stromversorgung gefährdet.

Sie singen überall das gleiche traurige Lied. Umweltschutz wird nicht als letzte Chance, sondern als Gewinnkiller gesehen.

Selbstverständlich sei Economiesuisse für einen vernünftigen Umweltschutz, versichern die Verbandsoberen. Dafür brauche es nicht so viel Staat. Umweltminister Leuenberger sei zwar ein Softiesozi, aber halt doch ein Roter. Und genau das nehmen sie ihm übel. Weil Moritz nicht daran glaubt, dass sie freiwillig tun werden, was sie am staatlichen Umweltschutz stört.

Während also für Economiesuisse der rote Umweltminister die grüne Flagge zeigt, sieht das sein inniger parteiinterner Kritiker Peter Bodenmann wieder mal ganz anders. Leuenberger sei nicht imstande, aus seinen Möglichkeiten als Bundesrat etwas zu machen. Elf Jahre «lang hat er nichts bewegt», spottet er in der ‹Weltwoche› vom 3. Januar 2007.

Und auch Roger Schawinski ist auf den Medienminister Leuenberger (was er ja auch ist) nicht gut zu sprechen.

Schawinski ist der wohl erfolgreichste Fernsehmacher der Schweiz. Er schaffte zuerst mit Radio 24 den Durchbruch für private Lokalradios. Gegen das Kombinat von Politik, SRG-Monopol und Bundesratsschutzwall. Zuletzt hat er den deutschen Privatfernseh-Konzern Sat.1 / Pro Sieben aus den roten Zahlen in erstaunliche Gewinnhöhen gebracht.

«Ich mache in der Schweiz kein Fernsehen mehr, solange Medienminister Leuenberger im Amt ist», meinte Schawinski. Der Draufgänger Schawinski kann mit politischen Kompromissen nichts anfangen. Sie aber sind das tägliche politische Brot eines Bundesrates.

In der mehrsprachigen kleinen Schweiz sind das öffentlich-rechtliche Radio und Fernsehen eine staatspolitische Notwendigkeit. Nur sie garantieren den sprachlichen Minderheiten im Tessin und in der Romandie das nötige Geld für die nötige Sendezeit. Private Betreiber leben von der Werbung. Tessin und Romandie sind zu kleine Werbemärkte. Sie brauchen die öffentlich-rechtliche SRG. Und die Schweiz braucht sie ihrerseits als nationale Klammer.

Wenn sich Schawinski am Medienminister Leuenberger reibt, ist das nur ein politischer Stellvertreterkampf. FDP, CVP sowie alle Politiker aus dem Tessin und der Romandie sind auf der öffentlich-rechtlichen Medienlinie von Leuenberger. Schlicht und ergreifend aus staatspolitischer Vernunft. Die Schweiz ist nicht Deutschland. Die Schweiz bietet dem Privatfernsehen nicht einen deutschsprachigen Werbemarkt mit über 80 Millionen Konsumenten. Wenn schon, liegt der Vergleich mit Österreich näher. In Österreich sind ORF 1 und ORF 2, was bei uns SF 1 und SF 2.

Leuenberger ist ein Vierfachminister: Verkehr, Energie, Umwelt, Medien. Er hat seine ihm treu ergebenen Kritiker.

Und dann solche, die ihm Komplimente machen. Fast schon makabere, wie das vom Publizisten Kenneth Angst, der dem Bundesrat attestiert, nach Katastrophen stets die richtigen Worte zu finden. «Dann läuft er zu seiner Hoch- und Idealform auf. Es geht ihm also gut, wenn es der Schweiz schlecht geht.»

Dem sagt man ein vergiftetes Bonbon.

Prügel bekommt der Verkehrsminister auch aus Zürich. Das schon seit Jahren. Auslöser sind der Flughafen und der Fluglärm.

Im November 2001 reiste Leuenberger nach Berlin. Zu Verhandlungen mit dem deutschen Amtskollegen. Beide unterzeichneten ein Luftfahrtsabkommen.

Um was ging es?

Die An- und Abflugschneise für den Zürcher Flughafen führt über süddeutsches Gebiet. Seit Jahren hatten sich die betroffenen Gemeinden beschwert. Ebenso seit Jahren hatten die Verantwortlichen in Zürich diese Klagen überhört. Die Bürgermeister drüben gerieten von ihren Einwohnern unter politischen Druck. Sie wandten sich an die zuständige Regierung von Baden-Württemberg in Stuttgart. Diese wiederum reichte das Dossier an den Verkehrsminister in Berlin weiter. So kam es zum deutsch-schweizerischen Treffen.

Der schweizerische Verkehrsminister musste jahrelange Versäumnisse der Zürcher Behörden ausbaden. Zu lange hatten diese süddeutsche Einsprachen wegen des Fluglärms arrogant schubladisiert. Mit dem neuen Abkommen hätte Zürich mehr Fluglärm übernehmen müssen als bisher. Anders formuliert: Die Zahl der An- und Abflüge über süddeutsches Gebiet wäre vertraglich reduziert worden.

«Kommt nicht in Frage», tönte es vom Zürcher Politchor mit Solisten von der SVP bis zur SP. Die Zürcher SVP organisierte den Widerstand gegen dieses Abkommen. Wenn immer sie gegen den SP-Verkehrsminister losziehen kann, tut sie es. Diesmal mit gütiger Mithilfe des linken Stadtpräsidenten. Elmar Ledergerber fiel über den Parteigenossen öffentlich mehr als nur unflätig her. Sein politischer Opportunismus schmeckte wie abgestandenes Weihwasser. Das verräterische Heulen hätte er ruhig den SVP-Wölfen überlassen sollen.

Die Zürcher Regierung unter Führung von FDP und SVP lehnte den ausgehandelten Staatsvertrag ab. Leuenberger hatte davor gewarnt, im vertragslosen Zustand könne Deutschland machen, was es wolle. Das sei dann für die Agglomeration Zürich die schlechteste Variante.

Die SVP-FDP-Koalition störte das nicht. Sie sorgte dafür, dass der Staatsvertrag auch im Bundeshaus fallierte. Beide Räte lehnten ihn ab. Mit dem Argument, wenn schon der betroffene Kanton Nein sage, sei es logisch, dass die eidgenössischen Räte ihm folgten.

Das war ein klassischer Pyrrhussieg. Nach ‹Duden› ein «Scheinsieg, ein zu teuer erkaufter Sieg».

Mit dem Nein haben die Zürcher nun den ‹Salat›. Berlin verfügte seither nämlich noch weniger An- und Abflüge über süddeutschem Gebiet. Stärker belastet wird dafür die Zürcher Agglomeration. Sogar Gemeinden an der Goldküste sind nun betroffen. Dort, wo die Reichen in steuerarme Gemeinden geflüchtet sind. Aber doch nicht, um nun den Fluglärm um die Ohren zu haben!

Und schuld an der Misere soll Bundesrat Leuenberger sein! Ausgerechnet.

Mitte November 2004 organisierten die Fluglärmgegner eine Protestkundgebung auf dem Bundesplatz in Bern. Ein paar tausend Teilnehmer sollen es gewesen sein.

FDP-Nationalrat Filippo Leutenegger gab den Ton an: «Leuenberger ist für die vergiftete Situation im Kanton Zürich verantwortlich!» SVP-Ratskollege Hans Kaufmann legte noch einen Zacken zu. Hinter dem verkniffenen Gesicht schaute der Mann fürs Grobe hervor. Leuenbergers Zeit als Bundesrat sei abgelaufen, drohte er auf dem Bundesplatz. «Er soll das Verkehrsdossier oder noch besser das gesamte Departement einem anderen Zürcher Bundesrat abtreten, der die Wichtigkeit dieser Probleme anders einschätzt.»

Damit liess Kaufmann die SVP-Katze aus dem Sack. Blocher wollte zwar Bundesrat, nicht unbedingt jedoch Justizminister werden. Im Visier waren die Finanzen oder eben das Infrastrukturdepartement von Leuenberger. Dort sind sämtliche Service-public-Betriebe, die Energie, die Auto- und Eisenbahnen, der Luftverkehr, die Medien und der Umweltschutz untergebracht. Für die Wirtschaft ist das wichtiger als das Wirtschaftsdepartement selber.

Die SVP hätte Leuenberger gerne aus dem Amt gemobbt. Dafür kam ihr die unendliche Geschichte mit dem Flughafen und seinem Fluglärm wie gerufen. Sie rechnete mit der Vergesslichkeit der Menschen. Man muss, so ihr Rezept, die Lüge hundert-, zweihundertmal wiederholen, so lange, bis sie geglaubt wird. Regieeinfall: Die Täter sind die Opfer.

Etwas gilt es festzuhalten: den 6. Dezember 1992.

Wir stimmten damals über den EWR, den Europäischen Wirtschaftsraum, ab. Ob wir ihm beitreten sollen oder nicht.

Die Schweiz hätte damit alle Vorteile des EU-Binnenmarktes gewonnen, ohne dafür EU-Mitglied werden zu müssen.

Nationalrat Christoph Blocher führte mit der SVP und der AUNS (der Aktion unabhängige und neutrale Schweiz) den politischen Kampf seines Lebens. Mit dem EWR verlöre die Schweiz ihre Freiheit, ihre Unabhängigkeit, ihre Neutralität, verkündete er landauf, landab. Das stimmte zwar hinten und vorne nicht, war dennoch eine wirksame Angstbotschaft.

Blocher siegte mit hauchdünnem Stimmenmehr und einem komfortablen Ständemehr. Die Schweiz gehört seither weder der EU noch dem EWR an. In Zentraleuropa steht sie damit völlig einsam da.

Seit 15 Jahren schon versucht der Bundesrat, mit bilateralen Verträgen mühsam das zurückzubekommen, was mit dem Nein zum EWR verspielt wurde.

Hätten wir dem EWR-Abkommen 1992 zugestimmt, stünde Zürich ganz entscheidend besser da. Das sagt alt Staatssekretär Franz Blankart. Er muss es wissen. Franz Blankart vertrat beim EWR-Verhandlungsmarathon die Schweiz als ihr Chefunterhändler.

Und Blankart erklärt laut und deutlich, wäre die Schweiz im EWR, gäbe es die Zürcher Flughafenprobleme so nicht. Deutschland nämlich müsste dann den Airport Zürich genau gleich behandeln wie einen eigenen. Wie Frankfurt, München, Berlin.

Das bedeutet: Die von Deutschland jetzt für die An- und Abflugschneisen auf süddeutschem Gebiet verfügten Restriktionen wären nicht zulässig.

Die Frage muss erlaubt sein. Wer hat den Zürchern mit dem Nein zum EWR das Ganze eingebrockt? Doch genau jene, die nun mit Steinen gegen Leuenberger schmeissen.

Wer hat die zweitbeste Lösung, den Staatsvertrag mit Deutschland, versenkt? Wiederum die Gleichen, die versuchen, den zusätzlichen Fluglärm dem Verkehrsminister anzuhängen.

Zum politischen Gaunerstück über die Hintergründe des Zürcher Flughafenlärms passte der Titel: Die betrogenen Betrüger.

Man mag darüber nachdenken, ob Leuenberger überhaupt kämpfen könne, ob er für diesen Job nicht eher zu weich sei. Eines, dünkt mich, sei unbestritten: Er steckt relativ viel relativ klaglos ein. Beim Boxen sagt man dem Einsteckvermögen. Ohne das kommt kein Boxer über die Runden.

Inzwischen ist Moritz Leuenberger der dienstälteste Bundesrat. Er gibt einem manchmal Rätsel auf. Wenn er den Verleider heraushängt, als ob er den Bettel am liebsten hinschmeissen möchte. Die Idee, er könnte Freude und Lust am Bundesratsjob haben, muss einem nicht unbedingt einfallen. Wohl deshalb haben Medienschaffende ihn zunehmend gefragt, ob er am Ende der Legislaturperiode aufhören werde. Das tönte keineswegs harmlos freundlich, schon eher nach: «Wann gehen Sie eigentlich?»

Ich meine den Moritz gut zu kennen. Immerhin sass ich im Nationalrat ein paar Jahre neben ihm. Diese Fragerei hat ihn bestimmt genervt. Solche Nadelstiche erträgt er schlecht. Darauf reagierte er denn auch auf seine Weise: «Ich werde noch einmal für den Bundesrat kandidieren.» Das sass.

Seine Gegner schluckten leer. In solchen Fällen amüsiert sich Moritz heimlich. Er liebt Überraschungen. Die war ihm gelungen. Wer wieder antreten will, den fragt man nicht ständig, wann er endlich aufhöre. So hat sich Leuenberger Luft verschafft. Zumindest für eine Zeit lang. Ob er wirklich nochmals antreten will, steht trotz seiner Ankündigung noch lange nicht fest. Dachte ich zuerst. Inzwischen hat sich diese Absicht, meine ich, verdichtet. Ich muss allerdings zugeben, auch die ist spekulativ. Bei Moritz Leuenberger ist nur eines sicher: Dass nichts so sein muss, wie man meinen könnte.

Warum möchte oder sollte er weitermachen? «Damit die Kollegialität im Bundesrat auch in den nächsten Jahren funktioniert.» So im Originalton. Zu beachten ist das Wörtchen ‹auch›. Die Kollegialität soll «auch in den nächsten Jahren funktionieren». Also funktioniert sie. Trotz und mit Blocher.

Die halbe Schweiz schimpft offen und heimlich über den Bundesrat. Er sei zerstritten, hören wir, er sei ‹eine Schande›, schreibt mir mein Bekannter Göpf. Moritz Leuenberger hingegen möchte bleiben, weil die Kollegialität so gut sei, natürlich nur, solange er dabei bleibt. Da steckt schon Eitelkeit dahinter. Je länger ein Politiker im Amt ist, desto schlechter kann er sich vorstellen, wie es ohne ihn weitergeht. Ich schreibe da aus eigener Erfahrung.

Ein Rücktritt ist ein Abschied. Oft wird man eine Last los. Das erleichtert. Als Bundesrat jedoch wird man seine Bedeutung los. Das kann schmerzen, Angst machen. Denn der alt Bundesrat sollte von nun an öffentlich schweigen. Er wird politisch kastriert. Nicht jeder heisst Otto Stich, der den ehemaligen Kollegen immer wieder munter dreinredet.

Leuenberger ist zwar der dienstälteste, aber noch lange nicht der älteste Bundesrat. Es kann schon Mühe bereiten, sich gedanklich an den Ruhezustand zu gewöhnen. Zumal er sich um das Klima im Bundesrat sorgt. Leuenberger hat denn auch die Parteien gewarnt, sie sollten ihre Bundesräte nicht als Wahl-«Kampfrosse», wie er sagte, einsetzen. Das war ein überflüssiger Rat. Bundesräte sind politische Zugpferde. Die lässt man beim wichtigsten Rennen nicht im Stall.

Bundesräte sollten öffentlich nicht über andere Bundesräte herfallen, sollten im Wahlkampf nicht das Kollegium attackieren, erhob Leuenberger zu Recht den Zeigefinger: «Damit würden Kollegialität, Glaubwürdigkeit und Durchschlagskraft des Bundesrates zerstört.» Das sollte doch wohl heissen: «Blocher, hörst du mich?»

Als Nationalrat war Blocher über die ‹classe politique› hergefallen, als ob er selber nie dazugehört hätte. Das kann nur, wer sich über andere erhaben fühlt. Wird Blocher zum Wiederholungstäter? Diesmal gegen den Gesamtbundesrat? Bei ihm ist man nie sicher. Die Voraussetzungen für die Zusammenarbeit im Kollegium wären dann natürlich «zerstört», wie Leuenberger sagte. Also müsse er an Bord bleiben.

Da redet Moritz sich selber Mut zu.

Es gibt ein stärkeres Argument für Leuenberger: Blocher daran zu hindern, sein Departement zu übernehmen. Warum? Wenn Blocher schon im Bundesrat ist, dann halt im Justizdepartement. Den Service public, den Umweltschutz, die Medien sollte man ihm besser nicht anvertrauen. Er ist ideologisch zu sehr vorbelastet. Er propagiert den Ausverkauf des Staates. Er möchte Bahn, Post, Swisscom so schnell wie möglich liberalisieren und privatisieren. Daraus machte er ja nie ein Geheimnis. Davor sollten wir die Schweiz bewahren. Man macht ja den Brandstifter auch nicht zum Feuerwehrkommandanten.

Wenn doch, würde Blocher diesmal scheitern. Das Schweizervolk hat keine Sehnsucht danach, SBB, Post und Swisscom an Private zu verscherbeln. Wo immer das mit einem EW oder der Kehrichtabfuhr versucht wurde, stimmten die Bürger dagegen. In Bellinzona, Zürich oder Basel zum Beispiel. Aber der politische Preis für so viel politische Unruhe wäre hoch. Und, vor allem, unnötig.

Nur macht es Leuenberger seinen politischen Freunden auch nicht leicht.

Ende 2006 provozierte er die eigene Partei mit überraschenden gedanklichen Ausfällen. Atomenergie sieht er als eine mögliche Option. Das AHV-Alter 67 ebenso.

Seither ist Feuer im Dach des Gewerkschaftsbundes. SP-Präsident Hans-Jürg Fehr reagierte deutlich, dafür gelassener.

Moritz Leuenberger war stets ein Gegner von Atomkraftwerken. Das ist er wohl geblieben. Warum denn diese Provokation?

Bundesrat und Partei haben unterschiedliche Rollen. Das Bundesratskollegium hat die Atomenergie nie aus dem Programm gestrichen. Sie ist eine Option geblieben. Dazu ist der Bundesrat sogar legitimiert. Die Mehrheit der Stimmenden lehnte 2003 die Verlängerung des Moratoriums für Atomkraftwerke ab. Ebenso den Ausstieg aus der Atomenergie. Den zum zweiten Mal. Leuenberger macht keine private Energiepolitik, sondern die des Bundesrates. Er beeinflusst sie natürlich, bestimmt sie aber nicht allein.

Warum nur hat der SP-Bundesrat Ende 2006 an die Option Atomenergie erinnert? Zufällig? Nein. Die bürgerlichen Parteien, die Elektrizitätswirtschaft und die grossen Wirtschaftsverbände befürworten neue Atomkraftwerke. Die Atommeiler in Mühleberg und Beznau I müssen in ein paar Jahren abgestellt werden. Mit

Sonnen-, Wind- und anderer Alternativenergie werde die Lücke nicht geschlossen. Übrig bleibe nur die Atomenergie, freut sich die Atomlobby.

Die Planung für ein Atomkraftwerk bis zum Baubeginn dauert nach einschlägigem Urteil lange, 20 bis 25 Jahre. «Deshalb», so Leuenberger, «müssen wir tatsächlich auf neue, erneuerbare Energien umstellen. Nur das ist nachhaltig. Die Option AKW könnte ungenutzt bleiben», so Leuenberger. «Aber nur, wenn wir auf erneuerbare Energien umsteigen.»

Er beklagt, «wir haben zu viel Zeit mit ideologischen Grabenkämpfen verbracht.» Zu sehr nach dem Entweder-oder-Prinzip. Wenn es weder für die eine noch die andere Politik eine klare Mehrheit gibt, bleibt nur der Versuch zum Kompromiss. Der ist bisher gescheitert. Nicht nur an Leuenberger. Falsch. Vor allem nicht an ihm.

Dass die SP Atomkraftwerke ablehnt, ist richtig. Sie muss auch gegen den eigenen Bundesrat antreten. Das war schon 1978 so. Am Parteitag in Basel hatte die Parteileitung den Ausstieg aus der Atomenergie beantragt. Das gegen den eigenen Energieminister, damals Willi Ritschard. Der Bundesrat wehrte sich für die Atomenergie. Ritschard blieb in der Minderheit.

Im Bundesrat sind nur zwei von sieben Mitgliedern Sozialdemokraten. Es ist leicht auszurechnen, dass sie das SP-Parteiprogramm nicht umsetzen können. Die SP macht im Bundesrat mit, um als einzige Linkspartei nicht im Abseits zu stehen und um mit den Bürgerlichen wenn möglich zumutbare Lösungen auszuhandeln. Misslingt das, ist die Partei frei. Der SP ist nicht zuzumuten, alles zu ‹fressen›, was die bürgerliche Bundesratsmehrheit auftischt. Ihre beiden Bundesräte sind nach dem Kollegialsystem gehalten, halt auch dann die Position der Mehrheit mit zu vertreten. Wenn das eine Partei nicht aushält oder nicht respektiert, soll sie in die Opposition gehen.

Nun hat Leuenberger seine Partei auch mit dem AHV-Alter 67 gereizt. Das war unklug und unnötig. Damit fiel der freisinnige Couchepin 2003 schon mal auf die Nase. Immerhin fällt die AHV in seinen Departementsbereich. Nicht so bei Leuenberger. SP-Präsident Hans-Jürg Fehr hat ihm den AHV-Seitensprung ausgeredet. Beim Schweizerischen Gewerkschaftsbund blieb man unversöhnlicher. Leuenberger soll bitte schweigen, war sinngemäss zu vernehmen. Von Sozialpolitik verstehe er ja doch zu wenig.

Es mag ärgerlich sein, wenn der eigene Bundesrat aus dem Rahmen fällt. Die ständige und unerbittliche Betroffenheit allerdings geht mir auch auf die Nerven.

Der Andersdenkende in den eigenen Reihen ist immer noch kein Feind.

Ein Blick nach Schweden könnte das Ganze relativieren. Soweit ich die Lage überblicke, gilt Schweden als fortschrittliches Land. Das überrascht nicht besonders. In Schweden sind 90 Prozent der Arbeitenden gewerkschaftlich organisiert. Im Vergleich zur Schweiz eine Traumquote. Die schwedische SP-Regierung hat gemeinsam mit den Gewerkschaften die flexible Altersgrenze 62 bis 67 eingeführt.

Man mag von der SPD halten, was man will. Arbeitsminister Franz Müntefering war auch schon mal Parteivorsitzender. Aber als Arbeitsminister hat er durchgesetzt, die Altersgrenze bis 2029 stufenweise auf 67 zu erhöhen.

Ich erwähne das nicht, weil ich die Erhöhung der AHV-Altersgrenze befürworte. Im Gegenteil. Nur gehören solche Konflikte beim Rollenspiel Bundesrat und Partei/Gewerkschaften zum politischen Geschäft. Der Umgang miteinander sollte fair bleiben. Mich hat rechte Arroganz immer gestört. Linke Borniertheit tut es nicht weniger.

Leuenberger polarisiert. Er war nie und ist auch heute kein linker Flügelstürmer. Das ist übrigens bei keinem anderen SP-Bundesrat ein Markenzeichen gewesen. Gewählt wurden stets Vertreter aus der Mitte-links. Ich kenne Linke, die Leuenberger sogar für einen Rechten halten. Dass er laut Umfragen beim Volk recht beliebt ist, macht ihn für sie erst recht verdächtig.

Es ist mit einer bürgerlichen Mehrheit im Parlament und im Bundesrat verdammt schwierig, beim Umweltschutz mehr als das Allernötigste zu erreichen. Sobald er nach Meinung der Wirtschaftslobby zu viel kostet, bleibt er im Bundeshaus auf der Strecke.

Wir sind beim Umweltschutz noch nicht so weit, wie Leo Schürmann es vor 44 Jahren ins Umweltschutzgesetz diktieren wollte. Nämlich, Umweltverschmutzung müsse so teuer werden, bis Umweltschutz zu rentieren beginne. D. h. bis die Verursacher, die sich bisher erfolgreich zu wehren wussten, so viel dafür bezahlen, dass ihnen die ‹Sauerei› zu teuer kommt.

Der schwedisch-deutsche Energie-Konzernchef Lars Josefsson, zugleich Klimaberater der Bundesregierung, sagt es mit einfachen Worten: «Wer CO_2 ausstösst, muss dafür zahlen.» Er sagt auch warum: «Der Klimawandel wird, wenn wir nichts tun, so stark in alle Lebensbereiche eingreifen, dass dies auch die ökonomische Stabilität unserer Gesellschaft bedroht. Sie bedroht auch die Unternehmen selbst.» Lars Josefsson übernimmt denn auch die Forderung der Wissenschaft: Bis 2050 müssten wir den $C0_2$-Ausstoss um «rund 60 Prozent gesenkt haben», um so die Erderwärmung «auf zwei Grad zu begrenzen». Was darüber liege, wäre tödlich.

Es ist nicht die Schuld des Umweltministers, wenn das bei uns nicht oder zu wenig zur Kenntnis genommen wird. Es liegt an den politischen Mehrheitsverhältnissen im Bundeshaus. Wobei Leuenberger schon lauter dreinfahren dürfte. Hier geht es nicht um die übliche Kompromisspolitik. Hier geht es wirklich um Sein oder Nichtsein.

Der Service public ist bei uns beliebt. Post, SBB, Swisscom gehören dazu. Ideologisch sind diese staatlichen Dienstleistungsunternehmen unverdächtig. Sie sind von den Freisinnigen gegründet worden.

Neoliberale Marktfundis vertreten die Auffassung, Service-public-Betriebe müssten liberalisiert und privatisiert werden. Das sei keine staatliche Aufgabe mehr. Man hat vielenorts auf sie gehört.

Im Vergleich zu andern Ländern ist bei uns der Service public nicht in private Hände gefallen. Vieles hat sich geändert, das schon. Die Post ist ein Bundesbetrieb geblieben. Bei den SBB hält der Bund hundert Prozent der Aktien und bei der Swisscom die Mehrheit. Der Privatisierungsversuch bei der Swisscom des Duos Blocher-Merz im Jahr 2006 scheiterte bereits im parlamentarischen Vorverfahren. Sie werden es wieder versuchen, die Privatisierungsfans. Aber das Schweizervolk zeigt sich ausgesprochen bockig, daran Gefallen finden zu sollen.

Ich weiss kein anderes europäisches Land mit mehr öffentlichem Service public als die Schweiz. Kein Grund, den zuständigen Bundesrat Leuenberger dafür zu tadeln.

Beim öffentlichen Verkehr ist die Schweiz Spitze. Adolf Ogi leitete die Renaissance der Bahn ein. Nachfolger Leuenberger fuhr auf dieser Schiene weiter. Im Nord-Süd-Transitverkehr ist der Bahnanteil beim Gütertransport so hoch wie sonst nirgends in Europa. Mit den Neat-Tunneln durch den Lötschberg und Gotthard wird die Kapazität massiv erhöht. Kein anderes Volk in Europa fährt häufiger mit der Bahn als das der Schweiz. Weltweit liegt nur Japan vor uns. Leuenberger hat alle Vorlagen für den öffentlichen Verkehr vom Stimmvolk bestätigt bekommen. Kein schlechter Erfolgsausweis.

Die SRG, Schweizerische Radio- und Fernsehgesellschaft, ist die nationale Klammer zwischen Deutschschweiz, Tessin, Romandie und den Rätoromanen. Weil die Deutschschweiz von ihren Einnahmen mit den Konzessionsgebühren einen schönen Teil an die Minderheiten abgibt, haben Tessin und Romandie eigene Radio- und Fernsehsender. Allein könnten sie sich die nicht leisten. Für das Rätoromanische hat es in Chur immerhin ein Studio. Das ist in der kleinen und mehrsprachigen Schweiz nur mit dem öffentlich-rechtlichen Radio/Fernsehen möglich. Medienminister Leuenberger hat diese Linie bei der Revision des Radio- und Fernsehgesetzes konsequent eingehalten.

Adolf Ogi, vor Leuenberger Energieminister, glaubte an das freiwillige Energiesparen. Das haute nicht hin. Der Mensch ist nicht nur von Vernunft geleitet. Sofern er überhaupt darüber verfügt. Die Interessen im Energiebereich sind vielfältig wie kaum anderswo. Die Atomlobby hat die bürgerliche Mehrheit im Bundeshaus hinter sich. Die Kantone reden ein Machtwort bei den Stromfabriken. Das Volk hat vor ein paar Jahren das Energiemarktgesetz Leuenbergers bachab geschickt. Der Teufel soll in der Schweiz Energieminister sein.

Beim abgelehnten Gesetz wäre mehr Wettbewerb in den Elektrizitätsmarkt gekommen. Die Überlandleitungen wären national geblieben und alternative Energien finanziell stärker gefördert worden. Es war ein typischer schweizerischer Kompromiss gewesen, durchaus nach den Worten von Erich Fromm: «Jeder Schritt ist von Bedeutung, wenn die Richtung stimmt.» Die SP-Fraktion hatte ihm zugestimmt. Die Gewerkschaften rissen dann das Steuer herum und die SP mit. Ihnen passte das Wort ‹Marktgesetz› nicht. Sie witterten zu viel Markt. Die Bürgerlichen hingegen zu wenig. Die vielen Jäger waren des Hasen Tod. Nach einem solch abverheiten Versuch lautet dann das Stichwort: «Rien ne va plus».

Ein neuer Anlauf ist in Vorbereitung. Erstens laufen Atomkraftwerke wie Mühleberg und Beznau I gelegentlich aus. Sie müssen, weil zu alt, abgeschaltet werden. Zweitens nimmt der Energieverbrauch ständig zu. Drittens also braucht es neue Energiequellen. Die grösste sei, sagte der deutsche Vordenker Erhard Eppler schon vor Jahrzehnten, das Energiesparen. Bringen Sie das Herrn und Frau Schweizer bei. Per Gesetz. Auch da sind wir bockig. Man könnte ruhig sagen, unbelehrbar. Vorläufig noch.

Die Bilanz des Energieministers ist logischerweise durchzogen. Mein Notenblatt für Bundesrat Leuenberger ist geschönt. Nicht gefälscht, das sei betont. Aber ich habe das Positive hervorgehoben und die Kehrseite weniger herausgestrichen. Der Mann wird genug geprügelt. Den Linken, denen er nichts recht machen kann, sei als Knacknuss die Frage gestellt: Warum eigentlich ist Leuenberger für die SVP der Haupt-, Dauer- und Lieblingsfeind? Weil er wirklich so wahnsinnig rechts steht?

Mit Willi Ritschard gab es so etwas wie einen Vertrauenspakt. Was immer er als Bundesrat tat, ob die SP mit ihm einverstanden war oder nicht, er genoss das Vertrauen der Partei. Wir wussten, auf ihn war Verlass. Wir wussten auch, ein Bundesrat braucht einen

Ermessensspielraum, wie er die Anliegen seiner Partei vertreten soll. Umgekehrt hat Ritschard in der Geschäftsleitung mehr als einmal betont: «Die Partei kann nicht alles, was der Bundesrat beschlossen hat, unterstützen. Sie ist nicht sein Seitenwagen. Die Partei muss frei entscheiden, nötigenfalls auch gegen uns im Bundesrat.»

Das war kein Freipass für Ritschard, sondern ein Vertrauensbeweis. Ohne den geht es nicht. Moritz Leuenberger schlägt sich als Bundesrat eigentlich tapfer mit den Blocheristen. Auf seine Art ist er schon ein Kämpfer. Ich mag ihn halt.

Politische Zwillinge

Simonetta Sommaruga war die erste national bekannte Konsumentenschützerin. Rudolf H. Strahm ist zurzeit Preisüberwacher. Das Pendant zu Sommaruga? Sie ergänzen sich ideal.

Beide haben die SP des Kantons Bern im Nationalrat vertreten. Sie ist seit 2003 Ständerätin. Simonetta Sommaruga ist dort die erste Berner Frau. Vor ihr schaffte es noch nie ein Berner SP-Mann in den Ständerat.

Vor Jahren machte innerhalb der SP Schweiz das ‹Gurten-Manifest› Furore. Zusammen mit dem Politologen Wolfgang Linder von der Universität Bern waren Simonetta Sommaruga und Rudolf Strahm die Autoren. Die Wortführer der SP-Linken sahen darin den Versuch, die Partei auf den Kurs von Tony Blair und Gerhard Schröder zu bringen. Das galt schon fast als Verrat am sozialistischen Ideal.

Das Ansinnen, mit dem ‹Gurten-Manifest› in die politische Mitte vorzustossen und bisher bürgerliches Terrain zu besetzen, löste in der Partei Irritation aus. Zumindest in der Führung. Präsidentin Ursula Koch verriet keine Lust, darüber auch nur zu diskutieren. Fraktionschef Franco Cavalli erst recht nicht.

Der Tessiner gehört zu den packendsten Persönlichkeiten in der SP. Der weit über die Grenzen hinaus berühmte Krebsspezialist zählt politisch zu den Alt-Marxisten. Ihn hat die Revolution der Sandinisten in Nicaragua geprägt. Sie stürzten den brutalen Diktator Somoza und errichteten nach Kuba die zweite antiamerikanische Bastion in Südamerika. Die von Washington eingesetzten Konterrevolutionäre, die Contras, machten linke Träume von einem schöneren Nicaragua zunichte. Statt sich um den Aufbau zu kümmern, kämpften die Sandinisten nun um die nackte Existenz. Ums Überleben gegen die USA.

Sandinistenführer Daniel Ortega wurde 2006 zum zweiten Mal Staatspräsident von Nicaragua. Diesmal nach demokratischen Wahlen. Sechzehn Jahre nach seinem Abgang.

Sommaruga und Strahm liessen sich aber nach der ideologischen Bauchlandung auf dem Gurten nicht entmutigen. 2005 gaben sie gemeinsam das Buch heraus: ‹Für eine moderne Schweiz›. Sie zählten darin die Reformaufgaben der Schweiz auf. Und wie sie sie lösen würden.

Die beiden legten auch diesmal keinen linksrevolutionären Sturmlauf hin. Sie politisierten moderat. Im Bestreben, für die SP neue Wählerschichten anzusprechen.

Die SP war mal eine Arbeiterpartei. Der eigentliche Arbeiter, früher Proletarier genannt, ist in der heutigen Gesellschaft und Wirtschaft in der Minderheit. Mehr als zwei Drittel der Menschen arbeiten im Dienstleistungsbereich, nicht mehr in der Giesserei. Das hat auch die SP verändert. Sie ist zur Volkspartei mit einem linken und rechten Flügel mutiert, und mit einem Zentrum, das beide zusammenhält. Ich habe als SP-Präsident stets betont, es sei schrecklich mühsam, nur auf dem linken oder nur auf dem rechten Bein gehen zu wollen. Um damit zu sagen: Die Partei braucht beide. Der Ideenstreit zwischen dem linken und rechten Flügel verschafft intellektuellen Reichtum. Nur Rechthaber buchen ihn als politisches Verlustgeschäft.

Die Parteilinken bringen mehr historischen Stallgeruch mit. Die SP ist in der Schweiz die klassische Linkspartei. Radikalere Linksformationen kamen und gingen, die SP ist geblieben. Mit dem ideologischen Flügel, parteiintern ‹die Linken› genannt. Und dem pragmatischen Flügel, als ‹die Rechten› klassiert.

Die SP-Linke verkörpert die traditionell konservative, sozialpolitische Linie. Sie lässt über Abstriche beim Sozialstaat nicht mit sich reden. Die SP-Rechte hingegen denkt über Reformen und die ‹Grenzen des Sozialstaats› nach, wie im 1983 erschienenen Buch des SPD-Linken Johano Strasser.

Gelegentlich diskutieren SP-Rechte und SP-Linke miteinander wie Gehörlose. Besser gesagt, wie ideologische Haarspalter, die vergessen, dass die SP eine Linkspartei ist. Die einen fahren auf der Autobahn mit Tempo 120, andere mit dem Tram, Tempo 40. Alle betrachten sich hingegen als Linke. Die einen vertrauen auf die Vision, auf den Bruch mit dem Kapitalismus. Die anderen setzen auf Lösungen für jetzt, als Rotkreuzkolonne für den Kapitalismus. Beiden bleibt die Option Hoffnung. Ohne sie wäre schweizerische Politik der kleinen Schrittchen nicht auszuhalten.

Rudolf Strahm wurde Ende der Siebzigerjahre Zentralsekretär der SP Schweiz. Als erster Teilzeitbeschäftigter: 50 Prozent Lohn für 100 Prozent Leistung. Wir kamen in der Geschäftsleitung schnell überein, den Ruedi Strahm voll anzustellen. Nun mit 100 Prozent Lohn und 150 Prozent Leistung. Der Mann ist ein Arbeitstier. Nicht zu stoppen, mit einer unglaublichen Arbeitskapazität.

Die SP hatte eine Volksinitiative gegen den Missbrauch mit dem Bankgeheimnis lanciert. Für dieses Dossier holten wir Strahm. Er schrieb dazu ein ‹Bildungsdossier›. Wie nie zuvor durchleuchtete Strahm den Bankenapparat. Er legte Missbräuche mit Drogen- und Mafiageldern offen, wie Bankiers ihre weisse Weste schmutzig machten. Das ‹Bildungsdossier› wurde ein Bestseller.

Strahm mauserte sich zum Bankspezialisten. Im politischen Dialog war er unschlagbar. Zu jedem Thema nahm er sein ‹Archiv› mit. Postkartengrosse Notizblätter mit allen statistischen Angaben, die er ständig zur Hand hatte.

Strahm ist ein Perfektionist. Er kann schlecht verlieren. An einer Klausursitzung der SP-Geschäftsleitung in La Chaux-de-Fonds probten wir nach dem Nachtessen ein Experiment. Alle erzählten ihren Albtraum. Strahm: «Mein Albtraum ist, dass ich mit meinem Vorschlag im Parteivorstand unterliege.»

Wer so träumt, ist ehrgeizig.

SP-Präsident Peter Bodenmann traute Strahm nicht so richtig. «Den müssen wir anbinden», meinte er. Es ging um die Abstimmung über das EWR-Abkommen vom 6. 12. 1992. Um den Beitritt zum Europäischen Wirtschaftsraum. Eine parteiinterne Kommission sollte die Abstimmung sorgfältig vorbereiten. Mit der Beschaffung von Unterlagen und einem Referentenführer für die Aktivisten. Als Präsident schlug er Rudolf Strahm vor: «Wir müssen dem Rüedu eine Führungsfunktion geben, sonst schiesst er quer.»

Simonetta Sommaruga war für die Schweiz die Konsumentenschützerin schlechthin. Sie hat den Warentest populär gemacht. Für ihr Anliegen warb sie am Radio, im Fernsehen, in der Presse. Sie spielte mit den Medien wie auf ihrem Steinway-Flügel zu Hause.

Mit dem Bonus als Miss Schweiz für faire Preise und gute Qualität wurde sie 1989 mit einem Glanzresultat in den Nationalrat gewählt. Was heisst gewählt, sie wurde regelrecht ins Bundeshaus hineingetragen.

Sommaruga hat Ähnlichkeiten mit Lilian Uchtenhagen. Die Konsumfrau Nummer eins hält sich an Fakten, erkennt Zusammenhänge und Hintergründe, deckt Widersprüche zwischen Markt und Macht auf, erklärt das Ganze mit präziser Sachlichkeit.

Als Konsumentenschützerin war sie faktisch ebenfalls Preisüberwacherin. Sommaruga hat ihre profunden Wirtschaftskenntnisse über das Funktionieren des Marktes, über dessen Blockieren mit Monopolen und Kartellen in der Praxis erworben. Sie kennt die Produktionsabläufe, den Verteilungsmechanismus, die Preisgestaltung. Sie ist eine Fachfrau für Wirtschaft geworden. Das lernt man weniger auf der Hochschule, sondern im harten Dialog mit Coop, Migros, Denner, Nestlé, Unilever, um nur sie zu nennen.

Ihr Spezialgebiet ist die Landwirtschaft. Die Bauern spüren den politischen und wirtschaftlichen Druck zunehmend stärker. Die Bauernlobby im Bundeshaus paktierte in den letzten Jahrzehnten mit der politischen Rechten und den Wirtschaftsverbänden. Damit gegen ihre besten Kunden, die Konsumenten. Langsam wird im Schweizerischen Bauernverband diese merkwürdige Beziehung wie zwischen Meister und Knecht hinterfragt.

Simonetta Sommaruga arbeitet beharrlich an einem Interessenverbund zwischen Produzenten und Konsumenten.

Die Konsumenten sind an gesunden Agrarprodukten interessiert. Bio wird stets beliebter. Solche Produkte kommen nicht aus Tierfabriken.

Wenn das Ei eines Käfighuhns beim französischen Grossverteiler Intermarché in Delle zehn Rappen kostet, nicht mehr als zu Grossmutters Zeiten, dann ist das nur machbar, weil noch 160 000 andere Hühner im Käfigstall Eier legen. Gesunde Hühner sind das nicht.

Wir haben zu viele dicke Kinder. Die Kurve zeigt nach oben. Die Gesellschaft macht sich Sorgen. Muss sie. Ursachen sind falsche Ernährung, zu wenig Bewegung, zu viel Sitzzeit vor dem Computer und Fernseher. Fastfood, Sandwiches von der Imbissbude, Billigstware auf Schritt und Tritt sind Mode geworden.

Es war 11 Uhr vormittags. Ich fuhr mit dem Tram von Allschwil an den Barfüsserplatz in Basel. Fahrzeit um die 22 Minuten. Gegenüber sass ein zwölfjähriger Bub. Während unserer ‹Reise› trank er anderthalb Liter Coca Cola. Vor dem Mittagessen! Er schleppt gute 15 Kilos zu viel mit sich herum.

Das Problem der Übergewichtigen ist ein ‹Abfallprodukt› unserer Konsumgesellschaft.

Wer, wie Simonetta Sommaruga, für Bio- und Ökoprodukte, für eine natürliche Landwirtschaft kämpft, vertritt eine ganzheitliche Lebensphilosophie. Sommaruga lebt sie vor. Das weiss nur, wer schon bei ihr auf Besuch war. Anzunehmen, ein gutes Glas Rotwein zum Beispiel stehe auf der Verbotsliste, wäre ein Irrtum. Die Frau ist keine Sektiererin. Eher eine massvolle Geniesserin.

Bauern beziehen mit den so genannten Direktzahlungen nicht nur Geld vom Bund, sie werden auch geschröpft. Zum Beispiel beim Import von Futtermitteln, Traktoren, Dünger und anderen Produkten. Importmonopole sorgen für Höchstpreise. Ständerätin Sommaruga wehrt sich, dass Bauern zu europäischen (Billig-)Preisen produzieren sollen, dagegen zu schweizerischen Höchstpreisen einkaufen müssen.

Der Preisüberwacher Strahm und seine Genossin Ständerätin sind sich einig: Es braucht Parallelimporte. Was bedeutet das? Den Import von Traktoren, um es an einem Beispiel aufzuzeigen, besorgt heute der Generalimporteur. Nur er bringt sie in die Schweiz. Er hat das Monopol. Das garantiert Höchstpreise. Deshalb kostet der gleiche Traktor in Österreich 15 000 Franken weniger als in der Schweiz. Mit Parallelimporten hört der Spass auf. Jeder kann Traktoren importieren. Der Garagist in Zuchwil genau gleich wie der in Sirnach. Wenn die Einfuhr offen ist, herrscht Preiswettbewerb. Das gilt nicht nur für Traktoren und andere Agrarprodukte, sondern auch für Medikamente, Kosmetikprodukte, Esswaren und noch vieles mehr. Die Monopolrente von 15 000 oder mehr Franken für einen Traktor zahlt dann keiner mehr. Im März 2007 ist im Bundeshaus ein Durchbruch gelungen: Parallelimporte für Bauern. Nun muss der Zweitrat dazu auch noch Ja sagen.

Sommaruga und Strahm öffnen den Bauern neue Perspektiven. Heute hängen sie zu sehr am Infusionstropf des Bundes. Der Bund zahlt jährlich 2,5 Milliarden Franken Direktzahlungen an die Bauern. Im Schnitt gute 50 000 Franken pro Hof. Dafür haben sie ihre Preise zum Teil massiv senken müssen. Für den Liter Milch zahlt der Molkereikonzern Emmi 75, 77, vielleicht 80 Rappen. Vor ein paar Jahren waren es noch um die 122 Rappen.

Bundesrätin Doris Leuthard möchte das Cassis-de-Dijon-Prinzip zulassen. Was heisst das konkret?

In Dijon wird ein Likör aus Cassis hergestellt. Deutschland verfügte ein Importverbot. Um damit seine eigenen Likörfabrikanten zu schützen. Das aber geht in der EU nicht. Das widerspricht der Idee von einem einzigen EU-Markt. Der Europäische Gerichtshof entschied daher den Streit. Cassislikör, der in Frankreich verkauft werde, müsse in allen EU-Ländern zugelassen werden. Dem sagt man seither das Cassis-de-Dijon-Prinzip.

Ein simples Beispiel für uns. Aspirin-Tabletten kosten in der Schweiz sechs Mal so viel wie in Griechenland. Warum das? Es ist wie bei den Traktoren. Für die Einfuhr der Tabletten von Bayer Leverkusen gibt es einen Importeur. Der hat das Monopol. Damit, das haben wir nun wirklich begriffen, zahlen wir den Höchstpreis. Es gibt ja keine Konkurrenz.

Simonetta Sommargua befürwortet natürlich das Cassis-de-Dijon-Prinzip. Mit einem Vorbehalt für die Landwirtschaft. Schweizer Bauern liefern im Allgemeinen Qualitätsprodukte. Der Bio-Anteil steigt fortwährend. Das Gros der Bauern betreibt Integrierte Produktion (IP). Mit viel weniger Pestiziden und anderen Giftstoffen als früher. Damit haben wir auch weniger Chemie im Kochtopf. Nun darf mit dem Cassis-de-Dijon-Prinzip nicht einfach jede ‹Fotzelware› in die Regale. Sommaruga verlangt deshalb die Herkunftsbezeichnung: ‹Poulet vom Betrieb XY in Polen›.

Sommaruga hat sich in die Landwirtschaftspolitik eingeklinkt. Sie ist hie und da Gast im ‹Schweizer Bauer›. Für eine Linke noch die Ausnahme. Aber langsam scheint die Bauernlobby zu verstehen, dass die Konsumenten ihre sichersten Verbündeten sind.

2003 passierte im Kanton Bern eine politische Sensation. Die SVP als bernische Staatspartei bekam eine Lektion erteilt. Die Konsumenten- und Bauernvertreterin Simonetta Sommaruga erzielte bei der Ständeratswahl das beste Resultat. Die SVP wurde auf Platz zwei verwiesen. Ein völlig neues Gefühl für sie.

Die Linke verunsichert die konservative Bauernlobby. Sie politisiert pragmatisch. Nicht nur, auch visionär. Sommarugas Weltbild ist ein Ganzes. Bio und Öko beim Essen, beim Strom, bei der Wärme, beim Klimaschutz. Im Zweifel immer für die Natur und die Umwelt. Diese Sprache verstehen Bauern gut. Immer besser.

Die SP-Frau ragt aus dem Mittelmass heraus. Carlo Schmid, ein deutscher SPD-Politiker und Vater des Grundgesetzes für die Bundesrepublik Deutschland, gehörte zu den aussergewöhnlichen politischen Vordenkern. Das folgende Zitat passt für mich auf Simonetta Sommaruga: «Als ich jung war, glaubte ich, ein Politiker müsse intelligent sein. Heute weiss ich, dass Intelligenz wenigstens nicht schadet.»

Nach meiner Rechnung ist Rudolf Strahm der fünfte Preisüberwacher. Einer der berühmteren Vorgänger war Leon Schlumpf, der spätere Bundesrat. Leo Schürmann, das Multitalent im Bundeshaus, startete als erster Preisüberwacher.

Der Gesetzgeber hat den Preisüberwacher mit Kompetenzen nicht verwöhnt. Er kann also nicht einfach die Preise diktieren. Bei den administrierten Preisen – das sind die von Gemeinden, Kantonen und Bund – hat er mehr zu sagen als bei denen in der Privatwirtschaft.

Die beiden ersten Preisüberwacher holten sich den öffentlichen Beifall beim Café Crème. Da wurde um zehn Rappen mehr oder weniger gefeilscht. Strahm trägt eine schärfere Brille.

Strahm geht auf die Pharmaindustrie los. Er prangert die übersetzten Medikamentenpreise an. Er plädiert für Parallelimporte. Für mehr Wettbewerb also. Da geht es nicht um Rappen, sondern um Millionen und Milliarden. Weil uns heute der ausländische Lieferant dank helvetischen Schutzmechanismen über die Ohren haut. Da interveniert Strahm. Oder beim eidgenössischen Stromkartell.

Ihm kommt die politische Erfahrung zugute. Die Kondition für den ‹Kampfsport› Preisüberwacher holte er sich in der SP. Dort musste Strahm sich ständig durchsetzen. Das gab Kraft. Er wollte und konnte nicht verlieren. Er brauchte die Stellungs- und Grabenkämpfe. Er lernte taktische Winkelzüge und knüpfte ein Beziehungsnetz. Die SP ist keine heile Welt. Dort werden Konflikte ausgetragen. Manchmal auch gesucht. Strahm beispielsweise hatte 1983 Mühe mit der Kandidatin Uchtenhagen. Er favorisierte Prof. Hans Schmid, St. Gallen. Das gab Ärger. Ob einer ein Grosser wird, zeigt sich daran, wie lernfähig er ist. Strahm ist offener geworden, hat das früher leicht Sektiererische abgelegt. Das macht ihn umso effizienter.

Als Preisüberwacher ist Strahm kämpferisch wie keiner zuvor. Er hat für wirtschaftliche Vorgänge den Röntgenblick. Ihm macht keiner so schnell was vor. Er ist der bisher beste Preisüberwacher.

Auf Strahm passt das Bonmot: «Die einzige Gewähr für das wirkliche Wissen ist das Können.»

Aussenpolitik, das Luder

Im Zweiten Weltkrieg musste die Schweiz vor allem eines: überleben. Das Land war eingekreist. Von Nazi-Deutschland und dem faschistischen Verbündeten Italien. Die Kunst der Aussenpolitik bestand darin, den Kopf über Wasser zu halten.

Nach dem Sieg der Alliierten (USA, Sowjetunion, England) über Nazi- Deutschland gab es Frieden.

Bald folgte der Kalte Krieg zwischen Ost und West. Zwischen der Sowjetunion und dem Westen war der ‹Eiserne Vorhang› heruntergelassen worden. Beide Militärblöcke, NATO im Westen, Warschauerpakt im Osten, verfügten über Atomwaffen. USA und Sowjetunion besassen die so genannte Zweitschlagskapazität. Der Angegriffene hätte noch vor seiner Zerstörung zurückgeschlagen. Beide wären krepiert. Deshalb nannte man den Frieden im Kalten Krieg das ‹Gleichgewicht des Schreckens›.

Der im Kalten Krieg ausgebrochene Rüstungswahnsinn brach der Sowjetunion das Genick. In der Satellitentechnik war sie Weltspitze, bei der Versorgung der Menschen ein Hungerleider. Das System brach nach Gorbatschows Reformversuchen zusammen. Zurück blieb der globalisierte Kapitalismus.

Im Kalten Krieg erinnerte man sich an die bewährte Formel, die beste Aussenpolitik sei keine Aussenpolitik. Das hiess, die neutrale Schweiz mische sich nirgends ein, bleibe aussenpolitisch impotent.

Bis heute haben wir das ‹Departement für auswärtige Angelegenheiten›. Es war bislang das unbedeutendste Departement. Während 28 Jahren, von 1965 bis 1993, ‹durften› es deshalb SP-Bundesräte verwalten: Willy Spühler, Pierre Graber, Pierre Aubert, René Felber.

1970 musste Willy Spühler zurücktreten, damit der bereits 62-jährige Pierre Graber doch noch Bundesrat werden konnte. Graber hatte sich in den 28 Jahren als Nationalrat nie mit Aussenpolitik befasst. Nach den ersten zwölf Monaten als Aussenminister bemerkte ich in der Parteizeitung: «Wenn ich an Pierre Graber denke, bekomme ich Sehnsucht nach Willy Spühler.» Damit war zwischen uns der Zapfen ab. Für immer.

Dann kam Pierre Aubert. Der frühere Ständerat versprach mehr Schwung und Dynamik in der Aussenpolitik. Das hörten Bürgerliche ungern. Ziemlich bald unternahm Pierre Aubert eine Reise in verschiedene Länder Afrikas. «Was sollen wir in Afrika?» – «Das ist reine Geldverschwendung.» – «Hat der nichts Besseres zu tun?» So und ähnlich tönte es im Bundeshaus. Dass ein Aussenminister auf Reisen ging, galt damals, Ende der Siebzigerjahre, als Zeitvergeudung.

Folglich geriet der Aussenminister nach seiner Rückkehr in ein innenpolitisches Gewitter. Die Lust, mehr Schwung in die Aussenpolitik zu bringen, wurde ihm ein für alle Mal ausgetrieben, und von da an war der Aussenminister politisch kastriert.

Als Präsident der Solothurner Filmtage bat ich Aubert um einen Gefallen. Um eine Kurzvisite in Solothurn. Weil 15 ausländische Kulturattachés mit ihm zusammenkommen wollten. Er sagte sofort zu. Dann wieder ab. Nämlich als ich bemerkte, Radio, Fernsehen, Presse wären dabei. «Dann komme ich nicht.»

Politiker sind dann wütend, enttäuscht oder missvergnügt, wenn keiner von ihnen Notiz nimmt. Dass ein Bundesrat aber nicht erscheint, weil Medienleute ihn empfangen wollen, das hatte ich vorher noch nie erlebt.

Erst nach Auberts Rücktritt 1987 erfuhr ich von seiner Sekretärin: «Mein Chef hat immer Angst gehabt. Bei einem Auftritt vor den Medien, am SP-Parteitag, im Parlament oder wo immer sonst.» Heller Wahnsinn. Ein Politiker, ein Bundesrat sogar, der die Öffentlichkeit scheut? Das war nicht normal. Pierre Aubert muss in all den Jahren gelitten haben wie ein Hund. Andere hätten einen Herzinfarkt eingefangen.

Wir hatten Glück. Wenigstens arbeitete für den Aussenminister ein brillanter Mann: Staatssekretär Edouard Brunner. Er bestimmte die Aussenpolitik, er schmiss den Laden, er war unter Pierre Aubert faktisch der Chef. Es geht halt nichts über einen guten zweiten Mann, der gar nicht Erster, sondern nur Bester sein will.

Generell, so meine Erfahrung: Mit Schwachköpfen in Führungspositionen ist es ein Elend. Starke, autoritäre Persönlichkeiten hingegen sind die besten Verhandlungspartner. Wenn der eigene Parteimann aber die schwache Führungsfigur abgibt, ärgert man sich nicht nur, nein: Es tut weh. Denn man ist mitverantwortlich. Weil man ihn vielleicht vorgeschlagen hat. Item, ich tat, was ein Parteipräsident eigentlich nicht tun darf. Ich forderte öffentlich in einem Interview Auberts Rücktritt. Das Schlimmste daran: Er war mir nicht böse. Im Gegenteil: Er versicherte mir seine absolute Freundschaft und wurde noch liebenswürdiger. Hätte ich Gleiches über Willi Ritschard gesagt, ich wäre von ihm in der Luft zerrissen worden oder er hätte Hackfleisch aus mir gemacht.

Natürlich trat Aubert nicht zurück. Die Fraktionskollegen, die sich bei mir noch und noch über ihn beschwert hatten, fielen nun mir in den Rücken. «So habe ich es doch nicht gemeint», meinte einer. «Wie denn?», wollte ich wissen. Er wusste es nicht.

Auf Pierre Aubert folgte René Felber, der nächste Neuenburger. Aubert kam aus La Chaux-de-Fonds, Felber aus Le Locle. Vorher war er Fraktionspräsident gewesen. Aussenpolitik gehörte im Nationalrat nie zu seinem Thema. Felber hätte zwar gerne Staatssekretär Edouard Brunner behalten. Das ging jedoch nicht. Da wären sich zwei Chefs in die Quere geraten. Brunner gehört zur diplomatischen Extraklasse. Wie Franz Blankart, Chefunterhändler der Schweiz beim EWR-Abkommen 1992.

René Felber versetzte Edouard Brunner deshalb auf die Botschaft nach Washington. Der wäre lieber nach Paris gegangen. «Geht nicht», meinte Felber, «dann hätte ich ihn jede Woche in meinem Büro.»

Aussenpolitik gewann nun an Bedeutung. Das Beziehungsnetz mit der EU bedingte einen Verhandlungsmarathon mit Brüssel.

René Felber und Jean-Pascal Delamuraz, Volkswirtschaftsminister, träumten vom EU-Beitritt der Schweiz. Sie verloren die Geduld. Und begingen den strategischen Fehler sondergleichen: den zweiten vor dem ersten Schritt zu machen.

Staatssekretär Franz Blankart führte in Brüssel Dauerverhandlungen, um den ersten Schritt zu ermöglichen. Die EU hatte der Schweiz, zusammen mit den sechs anderen Ländern Österreich, Liechtenstein, Schweden, Finnland, Norwegen und Island, eine interessante Offerte gemacht: Beitritt zum Europäischen Wirtschaftsraum (EWR). Was war das?

Zugang zum EU-Binnenmarkt mit allen Vorteilen, ohne Mitglied der EU werden zu müssen. Es wäre für die Schweiz der ideale Kompromiss zwischen Beitritt und Nichtbeitritt gewesen. Nationalrat Blocher ging aber nicht nur der EU-Beitritt, sondern auch der EWR zu weit. Deshalb bekämpfte er das EWR-Abkommen. Und hätte knapp verloren. Zuletzt jedoch gewann er hauchdünn, 51 zu 49%. Dank dem Bundesrat im Allgemeinen, den Herren René Felber und Jean-Pascal Delamuraz jedoch im Speziellen.

Die zwei welschen EU-Turbos waren nämlich nicht zu stoppen. Sie setzten im Bundesrat sechs Monate vor der EWR-Abstimmung durch, in Brüssel das Beitrittsgesuch zu deponieren. Blocher jubelte. «Der Bundesrat bestätigt», so erzählte er überall, «dass der EWR nur die Rutschbahn in die EU ist.»

Verhandlungschef Franz Blankart war konsterniert. Er wusste, «nun ist die EWR-Abstimmung verloren».

Das EU-Gesuch war vom Bundesrat mit nur 4:3 Stimmen beschlossen worden. Von der CVP stimmte Arnold Koller dagegen, Flavio Cotti dafür, von der FDP Delamuraz dafür, Villiger dagegen, bei der SP Stich dagegen, Felber dafür. Damit stand die Partie 3:3. Sie hätte vernünftigerweise abgebrochen werden sollen. Ein Jahrhundertgeschäft hätte nicht auf so schwachem politischem Fundament durchgezogen werden dürfen. Genau das aber geschah. Bundesrat Adolf Ogi gab mit seiner Stimme den Stichentscheid für das 4:3. Das, obschon seine Partei mit der EU, in welcher Version auch immer, nichts zu tun haben wollte. Das Gesamtgremium hätte das 4:3 niemals als ausreichend für ein Beitrittsgesuch akzeptieren dürfen. Da mussten ein paar Herren von allen guten politischen Geistern verlassen worden sein.

Felber und Delamuraz waren damals von der in der Romandie herrschenden EU-Zustimmungswelle getragen gewesen.

Sie übersahen, dass in der Deutschschweiz ein frostigeres EU-Klima herrschte. Was in der schweizerischen Aussenpolitik eigentlich die übliche Gangart ist, hätten die zwei Welschen gegenüber der EU erst recht beachten sollen: Es wird mit angezogener Handbremse gefahren. Also nicht wie auf der Autobahn. Sie jedoch schalteten in Richtung Brüssel in den Schnellgang.

Ein weiteres Kuriosum war, wie Chefunterhändler Franz Blankart arbeiten musste. In all den Verhandlungsjahren war er nie vor den Gesamtbundesrat vorgeladen worden, um über den Verhandlungsstand zu rapportieren und neue Instruktionen einzuholen.

Blankart ‹durfte› jeden Bundesrat einzeln aufsuchen. Es gab solche, die ihn sofort empfingen. Andere liessen ihn wochenlang warten. Bei so viel Dilettantismus war die verpasste EWR-Chance schon fast systembedingt. Blocher hatte zu leichtes Spiel. Er durfte sich bei seinem SVP-Intimfeind Adolf Ogi bedanken. Dessen Steilvorlage hat ihn zum Abstimmungssieg geführt. So gesehen schoss Ogi mit seinem Stichentscheid ein Eigentor.

Die Ära der vier SP-Aussenminister neigte sich dem Ende zu. René Felber trat aus gesundheitlichen Gründen nach nur fünf Jahren zurück. Nach ihm kam Flavio Cotti.

Mit dem Ende des Kalten Krieges wurde Aussenpolitik nun auch für das Bundeshaus wichtiger und der Spielraum grösser, und mit dem UNO-Beitritt ist Internationales bundesrätliche Normalität geworden.

Seit 2002 ist Micheline Calmy-Rey Aussenministerin. Zum ersten Mal eine Frau. Bei aller Umstrittenheit hat sie eines geschafft: Aussenpolitik ist endgültig ein innenpolitisches Thema geworden. Herr und Frau Schweizer haben begriffen, in einer globalisierten Wirtschaft ist die Alphütte kein aussenpolitisches Symbol mehr.

Das Verhältnis der Schweiz zur EU ist ein aussenpolitischer Dauerbrenner geworden. Die UNO-Mitgliedschaft hat Impulse ausgelöst. Im Konflikt Israel mit Palästina versucht die Aussenministerin zu vermitteln. Gegen die USA als Schutzmacht Israels ist allerdings nichts auszurichten.

Eine Sonderrolle spielt die Schweiz in Teheran. Zwischen Iran und den USA sind die diplomatischen Beziehungen eingefroren. Die Schweiz vertritt in Teheran amerikanische Interessen. Der Schweizer Botschafter ist auch der US-Botschafter. Damit steht die Schweiz mittendrin im explosiven Weltgeschehen.

Am 12. Februar 2007 besuchte Irans Chefunterhändler für das Atomprogramm, Ali Larijani, die schweizerische Aussenministerin. Iran steht im Verdacht, mit seiner Urananreicherung nicht nur Atomenergie zu produzieren, sondern Atomwaffen herstellen zu wollen. Iran müsse das Atomprogramm aufgeben, fordern vor allem die USA. Präsident Bush droht sogar mit militärischer Gewalt. Er hat nach dem Irak-Debakel noch immer nicht genug Chaos angerichtet. Iran will dem Druck nicht nachgeben. Der UNO-Sicherheitsrat beschloss daher Sanktionen. Das alles wollte der Iraner mit unserer Aussenministerin besprechen.

Wenige Tage vor dem Besuch von Ali Larijani in Bern war Brisantes bekannt geworden. Im Mai 2003 leitete der damalige Schweizer Botschafter in Teheran, Tim Guldimann, ein Gesprächsangebot Irans nach Washington weiter. Mit der Botschaft, Iran sei bereit, über alles zu reden. Über das Atomprogramm, den Kampf gegen den Terrorismus, den Stopp der Hilfe an die Hamas und Hisbollah. Niemand aber will dort davon etwas wissen. Aussenministerin Condoleezza Rice will mal «etwas gehört haben». Halt mit dem falschen Ohr.

Der Verdacht liegt nahe, die Bush-Regierung sei an echten Gesprächen mit Iran gar nicht interessiert. Denn geostrategisch geht es der Washington-Administration nur um eines: Öl. Das US-Mandat der Schweiz in Teheran stellt höchste aussenpolitische Anforderungen. Die Schweiz ist endgültig angekommen in der Welt.

War der Aussenminister früher politisch nur eine ‹halbe Portion› gewesen, hat sich das radikal geändert. Wir haben kapiert, dass es sinnlos ist, die Uhr ins Wasser zu schmeissen. Die Zeit läuft trotzdem weiter.